D1748448

ZENTRUM SENIORENSTUDIUM
DER LUDWIG-MAXIMILIANS-UNIVERSITÄT
MÜNCHEN

Roswitha Goslich · Arwed Vogel · Edda Ziegler

GERETTETE ERINNERUNG

Kindheiten in Kriegs- und Nachkriegszeit

Bibliografische Information der Deutschen Nationalbibliothek:
Die Deutsche Nationalbibliothek verzeichnet diese Publikation in der Deutschen
Nationalbibliografie; detaillierte bibliografische Daten sind im Internet über
http://dnb.dnb.de abrufbar.

© 2016 Zentrum Seniorenstudium
der Ludwig-Maximilians-Universität München
Roswitha Goslich · Arwed Vogel · Edda Ziegler
Titelbild: Gerd / pixelio.de

Herstellung und Verlag: BoD – Books on Demand · Norderstedt

ISBN: 978-3-7392-2942-3

GERETTETE ERINNERUNG

INHALT

GRUSSWORT DES PRÄSIDENTEN / 11

...

DANKSAGUNG / 13

...

VORWORT / 15-18

...

1 UMBRUCH / 25-43

Ingrid Arnold · Der Krieg ging weiter / 25-33
Heide Ruszat-Ewig · In der Scheune / 34
Anna Schadhauser · Der Erstgeborene / 36-40
Wolf Warninghoff · Die Schuld – Tränen einer Generation / 41-43

...

2 UNTERWEGS / 49-77

Frank Vorbach · Die Schule wird Lazarett – erster Winter in Nikolaiken / 49-55
Susanne Danek · Mein Weg nach München / 56-63
Erika Dieling · Die Flucht im März 1945 / 64-69
Heidi Ludbrook · Von Mähren nach Bayern / 70-74
Christine Johne · Interzonenzug / 75-77

...

3 ANGST / 83-108

Hannelore Beekmann · Bis zum nächsten Angriff / 83-85
Anneliese Kreutz · Der kürzere Weg / 86-88
Gabriele Pischel · „Sag bloß nichts Falsches!" / 89-96
Ingeborg Schluckebier · Am Friedhof / 97-102
Elisabeth Seidenath · Verdunkelung / 103-105
Annemarie Peterlechner · Kellerfragen / 106-108

4 VATER / 115-156

Katrina Behrend · Versuch über den Vater / 115-127
Christina Claus · Und wieder mal gekündigt / 128-130
Mechthild Jagla · Schlesisch-pommersche Elbmischung / 131-136
Angelika Strünkelnberg · „Sie haben ihn abgeholt!" / 137-141
Klaus Wagner · „Vergeben, vergessen, vorbei" / 142-151
Gerda Adlhoch · Opa / 152-156

…

5 ANKOMMEN / 163-187

Roswitha Schulz · Die Zugereisten / 163-171
Alexandra Pöppel · Nachkriegsfasching / 172
Dieter Poetsch · Meine etwas nebulöse Kriegs- und Vorschulzeit / 174-178
Martina Bartel · Orte und Stimmen meiner Kindheit / 179-182
Therese Viera · Von sturköpfigen Bierfahrern / 183-187
und couragierten Frauen

…

6 SCHAM / 193-205

Erika Hertel · Zigarettenkriegsmutter / 193-195
Gertraud Feinstein · Der Tag, an dem ich meine deutsche / 196-203
Unschuld verlor
Erika Hertel · Schmuckstiefel / 204

…

7 LERNEN UND ERWACHSENWERDEN / 211-234

Elisabeth Groß · „Dann ziehst du eben zu uns" / 211-216
Ingeborg Schluckebier · Schulsammeln / 217-220
Horst Nothoff · Dessauer Jahre / 221-226
Uta Noelle · Aufbruch / 227-231
Ute Taube · Omi und das große Welttheater / 232-234

GRUSSWORT DES PRÄSIDENTEN

Seit über 25 Jahren gibt es das Seniorenstudium an der Ludwig-Maximilians-Universität (LMU) München. Mit diesem Angebot wird älteren Menschen nach der Phase aktiver Berufstätigkeit die Möglichkeit eröffnet, Einblicke in neueste wissenschaftliche Erkenntnisse zu erhalten und mit der jüngeren Generation in Interaktion zu treten. Gleichzeitig bietet das Seniorenstudium einen Rahmen, die Erfahrungen der älteren Generation auch für die Universität fruchtbar zu machen. Genau dies ist mit der vorliegenden Publikation „Gerettete Erinnerung" geschehen. Aus einer Vortragsreihe des Seniorenstudiums zum Thema „Kriegskinder", die aus Anlass der historischen Jahrestage in den Jahren 2014/2015 stattfand, entstand die Initiative, die persönlichen Erfahrungen und Erinnerungen dieser Generation in einer eigenen Publikation zu veröffentlichen.

Ich freue mich sehr, dass es gelungen ist, diese Anthologie zusammen mit Zeichnungen, die ebenfalls in Kursen des Seniorenstudiums an der LMU entstanden sind, nun einem breiteren Publikum zugänglich zu machen, und wünsche den Leserinnen und Lesern eine bereichernde Lektüre!

Prof. Dr. Bernd Huber
Präsident der LMU

DANKSAGUNG

Die Entstehung dieser Anthologie war kein einfaches Projekt und ist für mich ein besonderer Anlass, allen zu danken, die dazu beigetragen haben, dass aus vielen einzelnen Erzählungen und Zeichnungen ein Buch entstand.

Ich danke allen Seniorenstudierenden, die ihre Erfahrungen als „Kriegskinder" aufgeschrieben und Zeichnungen zur Verfügung gestellt haben.

Ein ganz besonderer Dank gilt Dr. Roswitha Goslich, Sybille Schardey, Arwed Vogel und Dr. Edda Ziegler, die sich mit Enthusiasmus auf das Projekt eingelassen und in hervorragender Weise die Erstellung des Buches ermöglicht haben.

Bedanken möchten wir uns sehr herzlich bei Constanze Geertz für das sorgfältige Lektorieren der Beiträge und bei Robert Mezöfi für die grafische Gestaltung der Anthologie.

Prof. Dr. Elisabeth Weiss

Direktorin Zentrum Seniorenstudium

VORWORT

In die Jahre 2014/15, in denen das vorliegende Buch entstand, fielen hochkarätige Gedenkdaten der deutschen Geschichte. 2014 jährte sich der Beginn des Ersten Weltkriegs zum 100. Mal, 2015 das Ende des Zweiten Weltkriegs zum 70. Mal. Beide Ereignisse haben einschneidende Bedeutung für das Leben der Generation der heute rund 70-Jährigen, die zugleich den Großteil der Seniorenstudierenden an der Universität München ausmacht. Diese historischen Ereignisse wirken weiter bis in die Gegenwart – im familiären und im gesamtgesellschaftlichen Kontext.

Deshalb widmete das Seniorenstudium der LMU dem Thema Kriegskinder im WS 2014/15 eine eigene Vortragsreihe. Sie war konzipiert zum einen als Bestandsaufnahme für die aus Anlass der Jubiläen anschwellende Flut an Publikationen; seien es literarische Texte, Sachbücher, Erlebnis- und Erinnerungsbände oder die Ergebnisse von Forschungsprojekten. Zum anderen verstand sich die Reihe als später Versuch der Auseinandersetzung mit einem Thema, das das Leben der Kriegs- und Nachkriegskinder und ihrer Nachkommen entscheidend geprägt hat, auch, wenn es lange Zeit tabuisiert worden ist; öffentlich wie privat.

Das Programm dieser Vortragsreihe bot – teils hochproblematische – zeitgeschichtliche Themen in einer bunten Mischung von Fächern und Formen: aus Medizin, v.a. Geriatrie und Psychologie, Pädagogik und Erziehungswissenschaften, Kunstgeschichte, jüdischer Geschichte sowie wissenschaftlichen Forschungsprojekten[1] und ihren Ergebnissen samt einem Blick auf andere Medien wie Film, Literatur und v.a. autobiografisches Schreiben.[2]

Die Vortragsreihe stieß bei den Hörerinnen und Hörern auf außergewöhnlich große, positive Resonanz. Den Abschluss bildete eine Lesung: Teilnehmer der Arbeitskreise für Autobiografisches Schreiben aus dem Programm des Seniorenstudiums der LMU trugen Texte vor, die sie in diesen Kursen geschrieben hatten. Die vorliegende Anthologie versammelt eine Auswahl der dort unter Leitung von Dr. Roswitha Goslich und Arwed Vogel entstandenen Texte. Die Autorinnen und Autoren berichten als Zeitzeugen von ihren Kindheitserfahrungen aus der Kriegs- und Nachkriegszeit. Der Zeitraum umfasst beinah das ganze 20. und das beginnende 21. Jahrhundert. Von den Vätern, die bereits traumatisiert aus dem Ersten Weltkrieg kamen, über Krieg, Flucht, Vertreibung spannt sich der Themenbogen bis zur akribischen Suche nach Position, Beteiligung und Schuld der Eltern an den Kriegsverbrechen aus der NS-Zeit. Thematisiert werden auch die unterschiedlichen Erfahrungen der Sozialisation in den beiden deutschen Staaten, in den Anfangsjahren von BRD und DDR.

Alle Texte machen deutlich, wie stark das kollektive Schicksal von Krieg, Flucht, Vertreibung, Bombennächten, Vaterlosigkeit und zerrissenen Familien diese Kindheiten geprägt haben. Und sie zeigen, welch weitreichende Folgen diese frühen Erfahrungen für das Leben der Betroffenen hatten.

Geordnet sind die hier versammelten Textbeiträge nicht chronologisch, sondern thematisch, unter acht verschiedenen biografischen Leitmotiven, die ungewöhnliche Verbindungen zwischen den Texten eröffnen. Es sind die Themen Vergangenheit/Umbruch, Unterwegs, Angst, Fremde, Ankommen, Scham, Lernen/Erwachsenwerden – und – fast allgegenwärtig – immer wieder: der Vater.

Seine Abwesenheit – bedingt durch Krieg, Kriegstod oder späte Rückkehr aus der Kriegsgefangenschaft – prägt auch die Biografien der Frauen, Mütter und Kinder. Aus dieser Konstellation ist ein eigenes literarisches Genre entstanden, die Väterliteratur.[3] Sie ist thematisch konzentriert auf die Reflexionen und Erfahrungen der sogenannten ‚zweiten Generation', verstanden als die Generation der während der national-sozialistischen Herrschaft und in den unmittelbar darauffolgenden Jahren Geborenen.

Ihr wesentliches Element ist die Kritik am Vater als dem symbolischen Vertreter der Macht und des Gesetzes. Mit dieser Väterliteratur entsteht ein

Genre, in dem sich Söhne und Töchter im autobiografischen Kontext mit der Nazi-Vergangenheit ihrer Väter auseinandersetzen und diese literarisch darstellen, mit dem Ziel, so einen Spiegel der Selbstreflexion zu schaffen. Zu diesem Genre gehören sowohl die entpolitisierten Texte der ‚Neuen Subjektivität' als auch stark politisch oder polemisch aufgeladene autobiografische Texte.

Die Autorinnen und Autoren dieser Anthologie – Menschen verschiedenen Alters, verschiedener Herkunft, Sozialisation, Lebenserfahrung und politischer Haltung, deutlich mehr Frauen als Männer – blicken aus sehr unterschiedlichen Perspektiven zurück. Auch sprachlich sind Kontraste spürbar. Die Bandbreite der Gestaltungsweisen reicht vom einfachen Bericht bis zur gestalteten autobiographischen Erzählung, von dokumentarischen Darstellungen bis zu lyrischen und experimentellen Versuchen. Als Zeitzeugen-Dokumente sind sie in ihrer ursprünglichen Art, ihrer Authentizität belassen worden.

Allen Texten gemeinsam erscheint eine Grunderfahrung und Haltung im Umgang mit der Familiengeschichte: das kollektive Tabu, mit dem das Leben in der NS-Zeit lange belegt war und oft noch immer belegt ist. Ein Interview im SPIEGEL fasst dieses Tabu in der Titelformulierung Ich habe nie gefragt.[4] Zwar versteht der dort Interviewte, Andrew Reich-Ranicki, der Sohn des bekannten Literaturkritikers, sein Schweigen als durchaus individuelle Reaktion, geprägt von der Scheu, stark emotionale und zugleich problematische, als „verfänglich" empfundene Themen anzusprechen – ganz so, wie es in seiner Ursprungsfamilie offenbar üblich war. Trotzdem darf man seine Haltung auch verstehen als Teil kollektiven Verhaltens einer ganzen Generation, als das kollektive Tabu, das in letzter Zeit immer wieder in unterschiedlichsten Zusammenhängen der deutschen Emigrations- und Nachkriegsgeschichte auftaucht und aufgegriffen wird. Zum Beispiel in der verbreiteten Haltung jüdischer Emigranten in USA, die bis heute über ihre Herkunft und ihr kollektives Emigrantenschicksal schweigen: „Wir haben nicht darüber geredet. Warum auch?"[5]

Diese Haltung erweist sich als prototypisch für die der Kriegs- und Nachkriegsgeneration – gleich ob Täter- oder Opferkinder – zu dieser zentralen Frage ihrer Vergangenheit, individuell ebenso wie kollektiv. Ihren ersten

Ausdruck fand diese kollektive Verweigerung einer ganzen Generation im Titel der bereits 1967 erschienenen Studie von Alexander und Margarete Mitscherlich über Die Unfähigkeit zu trauern.[6] Die in der vorliegenden Anthologie versammelten autobiografischen Texte wollen diese Verweigerungshaltung durchbrechen. Ihnen gemeinsam ist der Wunsch der Autorinnen und Autoren nach Klärung, nach Aufarbeitung und Niederschrift, verbunden auch mit dem Wunsch, Rechenschaft abzulegen: vor den eigenen Kindern und Enkeln, vor den nachfolgenden Generationen – und der Wunsch, sich auszusöhnen mit dem kollektiven Schicksal, Kriegskind, Nachkriegskind, Täterkind zu sein.

Ganz so, wie es Bettina Alberti mit Bezug auf die mittlerweile zur Metapher gewordenen Trümmerfrauen formuliert hat: Unsere Eltern räumten die Trümmer der zerstörten Häuser mit den Händen weg – wir, die nächste Generation, sind mit dem Aufräumen der seelischen Trümmer beschäftigt." [7]

Edda Ziegler
Zentrum Seniorenstudium der Universität München

---

[1]

Meinolf Peters, Karin Jeschke, Lisa Peters: Therapeutenverhalten bei älteren Patienten. Studie am Institut für Alterspsychotherapie und Angewandte Gerontologie/Marburg. Stuttgart, New York 2013. Die Studie wurde von der Heidehof-Stiftung (Stuttgart) finanziell unterstützt und zusammen mit der Psychotherapeutenkammer Berlin, der Klinik am Hainberg in Bad Hersfeld und dem Fachbereich Erziehungswissenschaft der Universität Marburg durchgeführt.

Hartmut Radebold, Werner Bohleber, Jürgen Zinnecker (Hrsg.): Transgenerationale Weitergabe kriegsbelasteter Kindheiten. Interdisziplinäre Studien zur Nachhaltigkeit historischer Erfahrungen über vier Generationen. Stuttgart 2006

Kriegskindheit im Zweiten Weltkrieg und ihre Folgen. Forschungsprojekt an der Ludwig-Maximilians-Universität München 2003 – 2011; Leitung: Prof. Dr. Michael Ermann (ca. 20 Publikationen in Fachzeitschriften)

[2]

Zum Programm im Einzelnen vgl. das Vorlesungsverzeichnis des Seniorenstudiums der LMU im WS 2014/15, S. 16 f.

[3]

Julian Reidy: Vergessen, was Eltern sind. Relektüre und literaturgeschichtliche Neusituierung der angeblichen Väterliteratur. Diss. Zürich 2012

4
DER SPIEGEL, 26. Mai 2014; Interview mit Andrew Reich-Ranicki, geb. 1949, dem Sohn des Literaturkritikers Marcel Reich-Ranicki. Andrew Reich-Ranicki ist als Kind einer jüdischen Familie aus Warschau in der BRD aufgewachsen und lehrt heute als Professor der Mathematik an der Universität Edinburgh.

5
Willen zum Optimismus. In: SZ vom 10.9.2014 über jüdische Designer in USA

6
Alexander und Margarete Mitscherlich: Die Unfähigkeit zu trauern. Grundlagen kollektiven Verhaltens. München 1967

7
Bettina Alberti: Seelische Trümmer. Geboren in den 50er und 60er Jahren: Die Nachkriegsgeneration im Schatten des Kriegstraumas. Mit einem Nachwort von Anna Gamma. München 2010, S. 11

UMBRUCH

1

Ingrid Arnold
DER KRIEG GING WEITER

Mutter war gerade beim Buttern. Der Separator summte sein vertrautes Geräusch. Es war dunkel und kühl im Milchhaus halb unter der Erde, mit Wänden aus dicken Feldsteinen.
Ich hatte Mutter geholfen und wollte gerade hinausgehen, als ich ihn da stehen sah – ein dunkler Umriss gegen das helle Geviert des Eingangs. Ein Soldat. Vater. Ich wusste es sofort, als er die Arme ausbreitete. Nur kurz zögerte ich, er war mir fremd geworden. Dann spürte ich nur noch den rauen Stoff der Uniform, das verschwitzte Gesicht mit den Bartstoppeln.
Ich nehme an, dass die Heimkehr allseits jubelnd gefeiert wurde. In Erinnerung ist mir nichts davon geblieben.
Als ob ich nicht dabei gewesen wäre. So wie in den letzten Kriegswirren, in denen die Erwachsenen ums Überleben kämpfen mussten, wir Kinder so nebenher liefen und keine Ansprüche stellten. Wir spürten die Bedrohung, die Anspannung der Erwachsenen, verhielten uns ruhig und machten keinen Ärger.
Der Krieg war also vorbei. Vater war, nachdem er von seiner Truppe im Gefecht abgesprengt worden war, nicht mehr dorthin zurückgekehrt, hatte sich mit einem Kameraden in die Wälder geschlagen und den Heimweg gesucht. Von den anderen, die zur Truppe zurückwollten, hat man nie wieder etwas gehört. Vielleicht waren sie sofort umgekommen oder in Gefangenschaft gestorben.
Vater schien auf dem Hof nie wirklich gefehlt zu haben. Er war spät eingezogen worden, gehörte er doch zum „Nährstand", zum wichtigen Volksversorger. Schon lange war ein großer Teil des Personals durch Fremdarbeiter,

Gefangene ersetzt worden. Männer für die Feldarbeit, Frauen in Haus und Küche. Unvergessen Anna, die Weißrussin, die gut Deutsch sprach, elegant erschien sie uns geradezu mit ihren roten Stöckelschuhen, in denen sie sonntags ihre Freundin besuchen durfte, die bei einem Fabrikanten in der Küche arbeitete. Dorthin nahm sie mich manchmal mit und während die beiden miteinander redeten, sah ich mich im Haus um. Neugierig wie ich war, schlich ich mich in die Halle mit dem großen Treppenaufgang und der bunten Glaskuppel unter dem Dach. Die dunkle Holztäfelung mit den Gemälden, die da hingen, beeindruckte mich sehr. Meine Großmutter war mit der alten Dame des Hauses befreundet, aber dorthin mitgenommen hatte sie mich nie. Die durfte dann als einzige in der Villa wohnen bleiben, ganz oben unterm Dach in einem Kämmerlein, als die Fabrik enteignet wurde und ihre Familie das Haus räumen musste für die russische Verwaltung.

Unsere Marina dagegen war ganz anders, ein einfaches Bauernmädchen aus der Ukraine, 17- oder 18-jährig verschleppt, ohne jegliche Sprachkenntnisse. Eine Walküre von Gestalt, deshalb älter aussehend und für uns Kinder in dieser Zeit der liebste Mensch. Strahlend auf dem Foto, auf dem sie die Arme um uns gelegt hat und das heute einen wichtigen Platz im Album einnimmt. In dieser Zeit war sie unser Kindermädchen, denn Mutter musste nach der Einberufung von Vater „ihren Mann stehen". Großvater an ihrer Seite, der sich mit der bunt zusammengewürfelten Truppe um Ackerbau und Tiere kümmerte. Täglich kam er morgens von der „Wirtschaft", dem Austragshof mit den uralten Fachwerkgebäuden nahebei, in dem die Großeltern wohnten, seit sie das Gut an Vater übergeben hatten. Nach kurzer Besprechung ließ er das kleine Jagdwägelchen anspannen und fuhr auf die Felder. Manchmal durften wir Kinder mit, was Mutter allerdings nur selten erlaubte, weil „Lotte", die Vollblutstute, sehr temperamentvoll war und oft schon losgaloppieren wollte, bevor Großvater das Zeichen gegeben hatte.

Abends, wenn Ruhe eingekehrt war, versammelten sich häufig die Arbeiter, auch von anderen Höfen, am Feldweg und sangen. Eine bunt gemischte Gruppe aus verschiedenen Nationen. Wir Kinder saßen dabei und lauschten den fremden Klängen, durften ein bisschen mitsingen und wurden scherzhaft in Fremdsprachen unterrichtet. Wir fühlten uns vertraut, waren doch manche Gefangene selber noch halbe Kinder. Von oberster Seite, dem Ortsbauernführer, waren diese „Verbrüderungen" gar nicht gern gesehen und Mutters milde Behandlung der Fremden wurde offiziell gerügt.

Lange Zeit erlebten wir Kinder den Krieg nicht als schrecklich. Es war oft eine spannende Zeit, die Ereignisse überschlugen sich, Hintergründe blieben uns unklar. Wenig erfuhren wir darüber von den Erwachsenen. Aber dass wir nichts von dem nach außen tragen durften, was im Haus gesprochen wurde, war uns früh klar. Es war selbstverständlich, dass wir gehorchten. Seltsam, dass sich die Erwachsenen da so sicher waren. Und dass ich bereits als Achtjährige wusste, dass Großvater etwas Verbotenes tat, wenn er den englischen Sender hörte, und dass das niemand erfahren durfte.

Unvergesslich die Reisen nach Dresden, die Mutter mit uns unternahm, als Vater dort vorübergehend stationiert war. Sie fuhr jede Woche dorthin und nahm jeweils eines von uns drei Kindern mit. Vater hatte für diese Tage ein Zimmer in einem Privathaus gemietet und übernachtete dort auch mit uns. Ein etwas größeres Kinderbett, in das ich als Siebenjährige gerade noch passte, stand in einer Nische, es lag eine große Negerpuppe darin. Mit der durfte ich spielen. So eine hatte ich noch nie gesehen.

Es war etwas Besonderes, die Eltern einmal für sich allein zu haben und im Mittelpunkt zu stehen. Schon das Essen im Restaurant war ein Ereignis. Die Eleganz und zuvorkommende Bedienung beeindruckten mich sehr. An einen Abend im Zirkus Sarrasani kann ich mich gut erinnern, an das gruselige Gefühl und die Angst um die Akrobaten in der Zirkuskuppel.

Der Krieg ging weiter. Bald kam Vater an die Front und wir hörten nichts mehr von ihm.

Von Schmerz und Sorge der Erwachsenen spürten wir wenig, aber es senkte sich eine merkwürdige Stille über das Haus. Auch wir Kinder waren ruhig, erfüllten unsere Pflichten, gingen zur Schule, erledigten ohne Murren die zugewiesenen Aufgaben.

Die Großeltern hatten „Einquartierung" bekommen, ein oder zwei Offiziere. Ihre Aufgabe blieb unklar, denn am Ort gab es keine kriegswichtigen Institutionen oder Gebäude. Wir Kinder hielten uns gern in ihrer Nähe auf. Sie waren lustig und neckten uns mit allerhand Schnurren und wir lauschten ihnen gläubig mit offenen Mäulern und Ohren. Vielleicht war ich nicht so schnell zu begeistern, denn ich bekam von ihnen den Spitznamen „Isegrimm". Wohl, weil ich so grimmig schaute. Vielleicht auch, weil Ingrid mit I beginnt. Das ärgerte mich natürlich sehr, aber trotzdem zog es auch mich immer wieder in ihre Nähe. Einer von beiden brachte manchmal seine Braut mit, eine schöne, blonde junge Frau, chic und elegant. Eine Städterin eben, wie Mutter etwas abfällig bemerkte. Die beiden heirateten noch im Krieg und blieben den Eltern ihr Leben lang freundschaftlich verbunden. Ihren Sohn lernte ich später auch kennen. Er schien mir ebenso treu und anhänglich wie sein Vater.

Irgendwann trafen dann die ersten Trecks aus dem Osten ein, meist aus Schlesien. Wagen mit Pferdegespann, darauf wenige Habseligkeiten der Familien samt Kindern und Großeltern, weiteren Verwandten, vielleicht auch hinfälligen Nachbarn. Einmal starb ein Baby, eher schon ein Kleinkind, vielleicht einjährig. Gerade hatte ich noch interessiert zugeschaut, wie es gebadet wurde. Es war der erste tote Mensch, den ich sah. Seine Mutter schien wenig berührt zu sein, was mich sehr wunderte. Wo wurde das Kind beerdigt? Diese und ähnliche Gedanken über das Leben und sein Ende gingen mir noch lange durch den Kopf. Niemand schien Zeit zum Trauern zu haben. Wir erlebten immer wieder dasselbe Ritual: die erschöpften Flüchtlinge wurden auf Scheunen und Heuböden verteilt, durften sich im Waschhaus waschen und bekamen etwas zu essen. Am nächsten Morgen zogen sie weiter. Einige blieben im Ort. An die kann ich mich noch gut erinnern, weil sie die nächsten Jahre auf dem Hof als Tagelöhner arbeiteten. Vielleicht wurde das gleich so abgesprochen, weil sie alle sehr tüchtig waren, wie Mutter lobend erwähnte. Anna W. mit ihrer Sippe. Sie war eine kleine energische, etwas verhutzelte Person, die Vorarbeiterin wurde, bei der es kein Pardon gab und die ihre Truppe im Griff hatte. Auch Mann und Töchter hatten bei ihr nicht viel zu sagen. Oder Kurt und Inge mit ihren kleinen Buben, zu denen sich ein fast freundschaftliches Verhältnis entwickelte, als der Hof zu DDR-Zeiten im Rahmen der Kollektivierung enteignet wurde und in die LPG (Landwirtschaftliche Produktionsgenossenschaft) einging. Das Land wurde dabei eingegliedert, nur die

Gebäude durften wir noch selbst nutzen. Vater hat das nur wenige Jahre überlebt. Er starb wohl auch an gebrochenem Herzen.

Da war ich längst aus dem Haus und studierte bereits im Westen. Alles hatte sich anders entwickelt, als es geplant war. Geplant von Eltern und Großeltern, die noch alten Strukturen verhaftet waren. Für uns Mädchen waren Internate in Herrenhäusern vorgesehen, wohl um eine gehobene Haushaltsführung zu erlernen und dann eine gute Partie zu machen. Der kleine Bruder natürlich der Hoferbe. Was mit Großvaters Ländereien auf der Insel Rügen passieren sollte, blieb unklar. Er hatte sich das wohl als eine Art Altersruhesitz gedacht. Es kam anders.

Noch ging der Krieg weiter. Es gab jetzt fast täglich Fliegeralarm. Immer häufiger fiel die Schule aus, ein geordneter Unterricht war kaum mehr möglich, der Keller unter der Schule viel zu klein für alle Klassen, so dass die nahewohnenden Schüler nach Hause rennen durften. Auch ich war dabei, obwohl die Entfernung zu uns erheblich war. Es passierte uns nichts Schlimmes und der Ort blieb weitgehend verschont von Zerstörung, wohl auch, weil er in einem ziemlich engen Tal lag. Aber auf den umliegenden Feldern gab es riesige Bombentrichter, vor denen wir sehr gewarnt wurden. Auch vor den Tieffliegern, die gegen Ende des Krieges Jagd auf die Zivilbevölkerung machten.

Schlimmer konnte es kaum kommen. Dresden und Chemnitz waren bombardiert worden. Wir konnten den Feuerschein am Himmel sehen. Jetzt kamen auch Flüchtlinge von dort, die Ausgebombten, zu uns und suchten Zuflucht. Unter ihnen auch Anna A., eine Überlebende der Bombennacht in Dresden aus dem Keller einer Villa, in dem sie tagelang verschüttet war, neben ihrer toten Herrschaft und den anderen Angestellten. Sehr viel später und nur zögerlich erzählte sie uns von dem Grauen. Sie blieb bei uns im Hof und ging von Stund an Mutter zur Hand. Fröhlich sahen wir sie nie. Auch ohne Strenge und Schelte blieb sie für uns Kinder eine Respektsperson und ein Hort des Wissens. Was erfuhren wir nicht alles über die große Welt, in der sie gelebt hatte, über Theater, Kunst, große Bälle und Einladungen.

In den letzten Kriegstagen stand das Gut unter Granatbeschuss und wir lebten im Keller unter der Tenne der großen Scheune. Der bestand aus einem massiven Gewölbe mit dicken Balken und Säulen. Das schien der sicherste Ort zu sein. Auch Verwandte und Freunde aus Chemnitz mit ihren Kindern suchten hier Schutz. Es waren Schlaflager aus Strohschütten eingerichtet, mit Decken und Kissen. Die Nahrungsmittel mussten täglich ergänzt werden. Der Gang über den Hof zum Haus und in die Ställe zur Viehversorgung war nicht ungefährlich.

Und trotzdem, wirklich Angst hatten wir Kinder nicht. Wir fühlten uns geborgen und gut aufgehoben in der Sorge der Erwachsenen um unser Überleben. Es gab nichts Wichtigeres. So nahe und vertraut waren wir einander nie wieder.

Kein Freudentaumel, als der Krieg dann endgültig vorbei war. Bedrückte, sorgenvolle Stimmung, als ob alles Leben erstarrt wäre. Hie und da zögerliche Aktivitäten – „Es muss ja weitergehen" war ein oft gehörter Spruch.

Unser Dorf erwachte langsam wie aus einem Winterschlaf. Ganz ungewohnt war, dass wir nun wieder ins Freie durften. Keiner mahnte zur Vorsicht. Wir gingen auf Entdeckungsreise durch altbekannte Räume, staunten über vergessenes Vertrautes. Es schien, als könne das Leben nun einfach weitergehen. Da, wo es aufgehört hatte.

Aber alles wurde anders, würde nie mehr so wie früher sein.

Die Gefangenen verschwanden, als ob es sie nie gegeben hätte. Wohin? Die Russen kamen, Marina wurde von ihnen abgeholt. Wohin? Verstört blieben wir zurück, ratlos. Welche Freude, als sie plötzlich wieder da war. Fein angezogen stieg sie aus einer Limousine, mit Päckchen bepackt.

Strahlend verteilte sie Geschenke, offensichtlich Raubgut aus irgendwelchen Plünderungen. Für uns Mädchen feine Kleidchen. Sie komme bald wieder, erklärte sie beim Abschied. Nur ihre Mama wolle sie noch einmal sehen. Wir haben nie mehr etwas von ihr gehört. Vielleicht wurde sie in der Sowjetunion unter Stalins Herrschaft nach ihrer Rückkehr entweder umgebracht oder in ein Arbeitslager gesteckt. Das Schicksal auch vieler deutscher Flüchtlinge, meist Kommunisten oder Sozialdemokraten, die sich vor den Nazis in der Sowjetunion sicher glaubten und dorthin emigriert waren.

Im Dorf ging es nun drunter und drüber. Eine Kommandatur wurde ein-

gerichtet, Dolmetscher konnten nur unzulänglich übersetzen. Fast täglich kam es zu überfallartigen Plünderungen durch russische Soldaten. Ständig auch die Angst der Frauen vor Vergewaltigungen. Unser Hof lag am Ortsrand und präsentierte sich geradezu einladend als erste Anlaufstelle. Es war immer der gleiche Ablauf: sobald die Russen an der Einfahrt auftauchten, flüchteten Frauen und Kinder durch eine Hintertür in den Garten. Dort gab es ein versteckt liegendes Hühnerhaus, in dem im Frühjahr immer die Küken aufgezogen wurden. Das bot Schutz, denn im Haus gab es genug zu plündern, so dass sich eine weitere Suche erübrigte. Wir Kinder wussten damals nicht recht, was diese Fluchten zu bedeuten hatten, aber die Angst der Frauen übertrug sich auch auf uns. Ausgeliefert und hilflos fühlten sich alle. Ein ungewohnter Anblick, die Erwachsenen so zu erleben. Ohnmächtig und unfähig, uns Schutz zu gewähren. Die Rotarmisten nahmen alles mit, was sie fassen konnten. Auch meinen schönen Schulranzen aus hellbraunem, fein genarbtem Leder, auf den ich so stolz war; vom Sattler extra angefertigt, weil es zum Zeitpunkt meiner Einschulung so etwas nicht mehr zu kaufen gab. Die Soldaten hatten einen Teil von Mutters Buttervorräten hineingestopft, in Handtücher eingewickelt. Offensichtlich litten auch sie Hunger. Nun musste ich mit Vaters altem Schultornister, der sich noch im Haus befand, vorliebnehmen. Traurig und wütend zugleich.
Bedrohlich wurde es, als die Pferde geraubt wurden. Niemand wagte, sich zu wehren. Nur ein schizophrener junger Mann, der Sohn eines der benachbarten Bauern, stellte sich den Soldaten entgegen und griff in die Zügel. „Das sind doch die Pferde von Ernst, halt! Halt!", schrie er. Und wurde verlacht. Sein auffälliges Äußere mit der langen Haarmähne schützte ihn wohl vor Schlimmerem. Er war erkennbar als einer der Ärmsten unter den Armen. Unser guter „Friebelwilly", vor dem wir immer etwas Angst hatten, weil er gar so unberechenbar reagierte. Der aber wohl eher Angst vor uns hatte. Bei der Russenattacke allerdings lief er zu ungeahnter Größe auf, wir staunten und bewunderten ihn. Fortan respektierten ihn alle.
Bald kehrte Ruhe ein, trügerisch wie eine dünne Eisdecke, die jederzeit einbrechen konnte.
Die Schule hatte wieder begonnen. Fremd und ungewohnt jetzt mit den neuen Lehrern. Niemand von ihnen kannten wir. Manche waren Vertrie-

bene aus den Ostgebieten. Die meisten waren sehr jung, hatten vielleicht gerade selbst erst die Schule abgeschlossen, Abitur gemacht oder kamen aus Handwerksberufen, wie wir später erfuhren. Dementsprechend mager waren ihre Kenntnisse. Naiv und geradezu dumm war ich, als ich unseren Klassenlehrer einmal verbesserte, als er an der Tafel einen Orthografiefehler machte. Stolz war ich, dass ich etwas wusste und ahnte nicht, wie demütigend die Situation für den jungen Lehrer sein musste. Ich bin nicht sicher, ob ich dafür büßen musste. Eher nicht, denn auch die Neulehrer, wie man sie nannte, trauten sich wenig zu und waren froh, wenn sie sich in dieser ungewohnten Situation zurechtfanden, ohne an unerwarteten Stolpersteinen zu scheitern. Vorsichtig beäugten wir einander, tasteten unsere Grenzen ab. Nur noch selten erinnerten wir uns an die Strenge der früheren Lehrer, zum Teil alte Nazis, bei denen wir hatten strammstehen und mit erhobenem Arm den Hitlergruß erwidern müssen.

Unsere Eltern und Großeltern hielten nichts von den Neulehrern und entschlossen sich, uns Privatunterricht geben zu lassen. Das war uns eher lästig und wohl auch wenig nützlich, denn in die Schule mussten wir trotzdem gehen. Stenographie haben wir zumindest zusätzlich gelernt. Und unsere Leselust erwachte, von den Eltern eher misstrauisch beobachtet, befand sie sich doch gefährlich nahe am Müßiggang. Also lasen wir heimlich in unseren Zimmern und gaben vor, Hausaufgaben erledigen zu müssen. Ich durchstöberte Vaters Bücherschrank, las wahllos Robinson Crusoe, die Ausgrabung Tutanchamuns oder Fontane, manchmal auch Doktorbücher, die für uns streng verboten waren, obwohl es sich nur um harmlose, meist naturheilkundliche Beschreibungen handelte. Vielleicht sollten wir nur nicht die höchst interessanten aufklappbaren Abbildungen des menschlichen Körpers einschließlich der Sexualorgane, und zwar der männlichen und weiblichen, sehen.

Inzwischen hatte sich für unsere Familie das Blatt gewendet. Wir gehörten nicht mehr zu den Privilegierten. Ganz langsam begann die Atmosphäre sich zu verändern. Es wurde der Arbeiter- und Bauernstaat propagiert, Junker, wie man die größeren Bauern nannte, und Großbürgertum verteufelt. Wir schienen nirgendwo zugehörig. Und so rückte man näher zusammen. Die, die sich schon früher vertraut waren. Arzt, Pfarrer, ein paar Unternehmer, frühere Fabrikbesitzer, die nun enteignet waren. Auch wir Kinder hatten darunter zu leiden. War es Sorge um unsere geistige Entwicklung oder eher übertriebener Stolz, dass die Eltern uns verboten, an irgendwelchen Veranstaltungen teilzunehmen, die die Kommunisten organisiert hatten? Spielgruppen, Sport, Ausflüge.

Schlimme Hungerjahre standen bevor. Der zweite Nachkriegswinter war der schlimmste, die Vorräte aufgebraucht, Nachschub fehlte. Es wurde rigoros requiriert. Planwirtschaft wurde eingeführt und auch die bisher freien Bauern mussten sich von nun an strengen Auflagen unterwerfen. Zum Schlachten der Tiere brauchte man eine behördliche Genehmigung. Aber überall wurde das Gebot übergangen, in aller Heimlichkeit wurde „schwarz" geschlachtet. Wie sollten die Menschen sonst satt werden, wenn die Arbeit schwer war. Auch manche Dorfbewohner profitierten davon. Wurstbrühe war sehr beliebt, die Brühe, in der in dem großen Kessel die Wurst gekocht wurde, die durch die Gewürze sehr schmackhaft war und auch Kalorien enthielt. Damals galt die Devise „Je mehr Fettaugen, desto besser". Für ihre früheren Kunden gab es bei Mutter immer noch Milch, Butter und Eier. Knapper zwar, aber es reichte zum Überleben.

Wer ein kleines Gärtchen hatte, konnte sich glücklich schätzen. Jedes Krümelchen Erde wurde zum Anbau von Nahrung genutzt, Blumen waren der größte Luxus und kaum zu sehen. Im Herbst nach der Ernte standen Menschentrauben an den Ackerrändern und warteten, bis das Feld freigegeben wurde zum Ährenlesen oder Kartoffelstoppeln, Reste, die die Bauern für die Notleidenden zurückgelassen hatten. Nachts bewachte ein „Flurschutz" die Felder vor Raubzügen. Ganze Familien gingen oder fuhren in oder auf überfüllten Zügen zum „Hamstern".

Die Versorgung der Bevölkerung blieb auch nach der Gründung der DDR mangelhaft, während sich im Westen schon das Wirtschaftswunder ankündigte.

Die Menschen kamen nicht zur Ruhe, viele wagten eine zweite Flucht.

Heide Ruszat-Ewig
IN DER SCHEUNE

Die gellenden Schreie mitten in der Nacht. Sie drangen in meinen Schlaf, der immer sehr fest und tief war. Sie rissen mich heraus in dein Elend, in dein tief im Innern Verschlossenes, dein zugewürgtes Grauen, das in manchen Nächten so unentrinnbar aus dir herausbrach, dass deine Kraft nicht ausreichte, um die erniedrigende, quälende Erinnerung zu unterdrücken. „Frau, komm!" Die wenigen deutschen Worte des russischen Soldaten hatten nur einen einzigen Sinn. Viele Frauen haben nicht überlebt, was dieser Aufforderung folgte. –
Ich sehe, wie meine Mutter sich hastig das Gesicht mit Ruß schwärzt, damit sie so aussähe wie meine Oma, die krank und erschöpft im Bett liegt. Staruschka, seht her, ich bin auch schon alt, habt Erbarmen, verschont mich! Aber es hilft nichts. Auch nicht vor mir, dem siebenjährigen Mädchen. „In der Scheune müssen die Frauen sich anstellen", sagt eine zu meiner Mutter. Sie solle sich beeilen, damit nicht alles noch schlimmer werde. Ich bleibe mit meiner Großmutter in dem kleinen Raum des fremden Hauses zurück. Höre keine Schreie, weiß nicht, was in der Scheune passiert. „Ich gehe auch für dich", sagt meine Mutter noch zu meiner Oma, bevor sie dem Soldaten folgt.

Es konnte sein, dass ein russischer Soldat mit schweren Stiefeln das Zimmer betrat und freundlich „Idi ßu da" zu mir sagte. „Komm her", verstand ich bald. Ich gehe zögernd zu ihm hin. Er hebt mich auf seinen Schoß und sagt viele russische Wörter zu mir. Ich verstehe nicht, was er mir mitteilen will. Aber seinen Arm fühle ich fest und warm um meinen Körper. Er gibt mir Schokolade. Trotzdem bin ich froh, als mich der fremde Mann wieder von seinem Schoß herunter lässt.

Konnte das derselbe sein, der meine Mutter vergewaltigt hat, habe ich mich später gefragt. Damals hörte ich oft, worüber die erwachsenen Frauen sich unterhielten. Es hieß, dass die russischen Soldaten viel Alkohol hätten trinken müssen.

Das war im Frühjahr 1945. Wir waren auf dem Weg zurück, ostwärts nach Pillkallen, der Heimat meiner Großmutter. Meine Oma, meine Mutter und ich und die beiden elternlosen Kinder, die wir unterwegs aufgelesen hatten. Da kann die Not noch so groß sein, wir müssen sie um Gottes Willen mitnehmen, hatte meine Großmutter gegen den Protest meiner Mutter gesagt. In der Nähe von Wehlau, unterhalb von Königsberg, hatte die russische Front uns überrollt, in jenem klirrend kalten Januar fünfundvierzig – was wenig über die leidvollen Erfahrungen der betroffenen Menschen aussagt. Über kurz oder lang werde sich alles wieder normalisieren, sagte meine Oma. Und sie wolle in der Heimaterde begraben sein. Ein Vierteljahr später war sie tot.

Anna Schadhauser
DER ERSTGEBORENE

Mein Vater Aloys, geb. 1899 in der Nähe von Paderborn, war das jüngste von acht Kindern. Diesen jüngsten Sohn behandelte der Vater oft brutal und es ist mir nicht klar, wieso Aloys als einziges der Kinder dieser Familie ein Gymnasium besuchen durfte. 1917 stand er kurz vor dem Abitur.

Während einer Unterrichtsstunde wurde die Türe des Klassenzimmers geöffnet. Ein Offizier in Uniform trat herein und stellte sich vor die Klasse. Die Jungen verstummten. Da stellte ihnen der Offizier folgende Frage: „Wollt ihr Abitur machen oder lieber euer Vaterland verteidigen?"
Die Schüler zögerten nicht, sprangen auf und riefen laut: „Wir wollen unser Vaterland verteidigen!"
Sie fielen einander voller Begeisterung um den Hals und riefen immer wieder diesen Satz.
Schon am nächsten Tag versammelten sich die Schüler auf dem Bahnsteig und kletterten in den Zug. Es war seine Mutter, die Aloys zum Zug begleitete. Die beiden umarmten sich und im letzten Augenblick, Aloys winkte ihr aus dem Zugfenster, reichte sie ihm ein Stück Papier hinauf. Er las es erst, als der Zug schon den Bahnhof verließ.
Auf dem Zettel stand:

Ich denke an dich
Jeden Tag
Jede Stunde
Jede Minute

Die tiefe Liebe zwischen der Mutter und ihrem jüngsten Sohn endete nie.
Mein Vater hat mir diesen Zettel kurz vor seinem Tod gezeigt. Er habe ihn immer bei sich getragen, als er als Soldat an der Front war.
Der Zug brachte die Klasse erst in eine scheunenartige Unterkunft, wo sie den Umgang mit einem Gewehr lernen sollten. Es gibt ein Foto, das die jungen Männer nackt auf dem Boden hockend zeigt, jeder mit einem Gewehr über der Schulter.
Schon bald wurden die Jungen an die französische Front gebracht: Chemin des Dames, nicht weit von Verdun. Grabenkrieg.
Für meinen Vater Aloys aber war der brutale Einsatz schon nach wenigen Tagen vorbei: Er wurde von einem Geschoss getroffen, das zwischen seine Beine schlug. Der schwer verletzte junge Soldat verlor das Bewusstsein, wurde aber gerettet. Damit war zwar der Einsatz an der Front für ihn vorbei, aber die Schmerzen, die Traumatisierung, die körperlichen Folgen der Verwundung, all dies hinterließ tiefe Spuren im Leben des jungen Mannes.

Mein Vater konnte das Abitur nachholen, die Lehrer rieten dem begabten Jungen zu studieren, aber aus Geldmangel war dies nicht möglich. Er absolvierte eine Verwaltungslehre am Velberter Rathaus. Velbert – eine kleine Stadt zwischen Essen und Düsseldorf, wo die Familie seit einigen Jahren lebte.

Ein paar Jahre später lernte er Toni, meine Mutter, kennen. Sie stammte aus einer begüterten Möbelfirma und war eine umschwärmte junge Frau. Ihre Familie ermöglichte es Aloys, in Köln Jura zu studieren. Danach wurde er Verwaltungsfachmann am Velberter Rathaus.
Toni und Aloys heirateten 1929. Wie die Ehe vollzogen wurde, wie Aloys die Folgen seiner Verwundung verkraftete, darüber wurde mit mir nie gesprochen. Ich vermute aber, dass mein Vater sich seiner Zeugungsfähigkeit nicht sicher war, denn bis zur Geburt meines Bruders Johannes 1933 vergingen vier Jahre.

Es war das Jahr der Machtergreifung Hitlers.

Ein Jahr später wollte sich meine Mutter von ihrem Mann trennen, von dem sie sich nicht genug akzeptiert fühlte. War es die tiefe Abhängigkeit meines Vaters von seinen Schwestern, die für ihn seine inzwischen verstorbene, über alles geliebte Mutter ersetzten?
Diese Schwestern waren das genaue Gegenteil seiner Frau. Meine Mutter, die ja aus einer vermögenden Familie stammte, durfte zwar keinen Beruf lernen („du heiratest ja doch!"), hatte aber viele Kontakte, war relativ unabhängig, was ihren katholischen Glauben betraf. Die Schwestern ihres Mannes hingegen waren zutiefst bigott, gingen jeden Tag in die Kirche, hatten kein Verständnis für abweichende Haltungen und signalisierten ihrem Bruder ständig, dass er einer der ihren war.

Die Geburt seines Sohnes war für meinen Vater ein Zeichen, dass er trotz der Verwundung ein vollwertiger Mann war.
Die Beziehung zu diesem Erstgeborenen, der ein jenseitig schönes Kind war, blondgelockt, dem germanischen Ideal entsprechend – diese Beziehung wurde zu einer tiefen Symbiose.

Die Ehe meiner Eltern hielt wohl auch deshalb, weil die politische Situation im Dritten Reich so vieles veränderte. Der Antisemitismus wuchs und 1938, im Jahr meiner Geburt, fand die mörderische „Reichskristallnacht" statt. Nach der Eroberung Polens im September 1939 teilte sich Hitlerdeutschland mit der Sowjetunion dieses Land.
Mein Vater wurde 1940 gegen seinen Willen als Amtskommissar nach Polen versetzt, denn die deutschen Besatzer brauchten kompetente Verwaltungsfachleute. Meine Mutter folgte ihm mit uns Kindern. Wir lebten im Warthegau, in der Nähe des Ghettos Lodz, das damals Litzmannstadt hieß, und dort verbrachten wir den ganzen Krieg, weitab von den Fronten in relativer Ruhe, wir gehörten ja zur „Herrenrasse".

Die Beziehung zwischen Vater und Sohn wurde immer intensiver. Ein Beispiel sind die endlosen Ausritte durch die polnischen Tiefebenen. Auch meiner Mutter ging es gut, denn sie hatte wichtige Aufgaben: Sie kümmerte sich um die armen Polen, ließ sich von Josef, unserem Kutscher, zu den armseligen Katen fahren, oft begleitet von uns Kindern.

Johannes ging zur Ersten Hl. Kommunion. In der katholischen Kirche durften nur Deutsche beten. Mein Vater, der gläubige Christ, wurde von seinen Vorgesetzten immer wieder verwarnt. Aber der katholische Glaube personifizierte für ihn seine geliebte Mutter, der er, so glaubte er wohl, sein Leben verdankte und diesen schönen Sohn.

1944, gegen Ende des Krieges, begleitete mein Vater die Trecks der Volksdeutschen nach Westen und geriet in englische Gefangenschaft. Meine Mutter bestieg mit uns Kindern den letzten Zug von Polen ins „Reich", wo wir in Velbert unsere alte Villa unzerstört vorfanden. Die Oma, die Mutter unserer Mutter, lebte dort mit vielen Verwandten, die Schutz suchten. Obwohl Velbert zwischen Düsseldorf und Essen liegt, wurde es von den Bombenangriffen verschont.

Unser Vater wurde noch 1945 von den Engländern freigelassen und in Velbert als „Mitläufer" eingestuft, also wieder im Rathaus angestellt.
Unsere Mutter schleppte ihre reiche Aussteuer in überfüllten Zügen zu Bauern, um dafür Lebensmittel für ihre Familie zu erhalten.
Johannes ging bald in Velbert auf die Schule. Er war jetzt zwölf Jahre alt und sein Vater meldete ihn im Velberter Gymnasium an. In Polen war Johannes in die deutsche Volksschule gegangen, viel mehr als Sport hatte er dort aber nicht gelernt. Das war der Grund für die enormen Schwierigkeiten, die er jetzt am Gymnasium bekam.

Und damit beginnt ein neuer, sehr trauriger Lebensabschnitt. Denn unser Vater akzeptierte nicht, dass sein geliebter Sohn in der Schule solche Probleme hatte. Er stand hinter ihm, wenn der Junge seine Hausaufgaben machte, schrie ihn an, schlug ihn. Seine Brutalität führte dazu, dass Johannes schließlich versagte und die Klasse nicht bestand.
Da wandte sich der tief enttäuschte Vater von ihm ab. „Mein Sohn wieder-

holt nicht", sagte er und die innige Beziehung zu seinem Sohn schlug um in Hass. Es durfte nicht sein, dass dieser Sohn, das Geschenk seiner Mutter, die Wiedergutmachung nach der Traumatisierung durch die brutale Kriegsverletzung, dass dieser Sohn intellektuell versagte.

Unsere Mutter versuchte nicht, zwischen Vater und Sohn zu vermitteln, im Gegenteil: sie instrumentalisierte Johannes gegen ihren Mann, verschaffte ihm eine Lehrstelle in einer Sargtischlerei und besiegelte damit den Bruch zwischen Vater und Sohn und auch das endgültige Scheitern ihrer Ehe.
Anfang der 50er Jahre, als sie nicht mehr gebraucht wurde, Putzhilfen bekam, wurde sie immer depressiver, tablettenabhängig und starb schließlich 1973 an einem Herzschlag.
Bei ihrer Beerdigung, als wir in der Aussegnungshalle vor ihrem Sarg standen, wir, die Angehörigen und Freunde – da überkam mich plötzlich ein solcher Schmerz, dass ich laut weinte und lange nicht mehr aufhören konnte.

Mein Vater lebte nach seiner Pensionierung noch viele Jahre, aber seine Beschwerden wurden stärker: immer öfter musste er seine Harnröhre bougieren lassen.
Die Beziehung zu seinem Sohn blieb voll von gegenseitigem Hass.
Für mich als Kind waren die ständigen Konflikte eine große Belastung. Die Erwachsenen hatten keine Kraft, sich um das kleine Mädchen zu kümmern.

Johannes gelang es schließlich, an der Folkwangschule in Essen zu studieren. Er wurde Innenarchitekt, kam nie mit dem Geld aus, erpresste seinen Vater unausgesetzt – bis zu dessen Tod.

Wolf Warninghoff
DIE SCHULD – TRÄNEN EINER GENERATION

Ich sah mich immer wieder in annähernd gleichen Situationen: Wenn ich glaubte, eine Spur im Zusammenhang mit der Vergangenheit meines Vaters gefunden zu haben, war mein Berufsalltag hinderlich, dieser Spur nachzugehen. Es fehlte mir die Zeit dafür. Bisweilen musste ich nach Feierabend mühsam meine Konzentration aktivieren, um mich beim Lesen gedanklich nicht zu verlieren. Ich hatte mir aus der Universitätsbibliothek eine ganze Reihe von Büchern über das Dritte Reich ausgeliehen, nachdem ich die Erfahrung gemacht hatte, dass ich von dem gesamten Organisations- und Staatsapparat verschwindend wenig wusste, geschweige denn verstand.

In der Einsamkeit meiner Gedanken hatte ich das Gefühl, dass aus meinem Inneren ein Schrei herauswollte, der aber immer wieder zu ersticken drohte. Ich war auf der Suche nach einem mentalen Strohhalm, an dem ich mich festhalten konnte. Ich war auf der Suche nach einem Menschen in vergleichbarer Situation, dem ich mich mitteilen konnte. Ich fand einen solchen – zunächst allerdings nur in Form eines Buches: „Die Kinder der Täter" mit dem Untertitel „Das Dritte Reich und die Zeit danach" von Dörte von Westernhagen (München 1991). Ich hatte es in der Betriebsbibliothek des Verlages, in dem ich arbeitete, gefunden. Die Autorin, Tochter eines SS-Offiziers, hatte erlebt, wie schwierig es für ein Kind ist, mit dem Vater, der als Held und Verbrecher zugleich erscheint, ins Reine zu kommen. Sie hat versucht, sich dem verdrängten, verschütteten Erbe zu nähern. Ihr ging es nicht darum, die Elterngeneration anzuklagen und sie zu verurteilen, vielmehr wollte sie deren Haltung und Handlungen verstehen lernen. Sie begab sich „auf den Weg, wie die positive und negative Seite der Elternbilder, die zutiefst widersprüchliche Einstellung zur Geschichte Deutschlands und zur Nachkriegsgesellschaft sich je integrieren lassen würden". Sie führte aus: „Oft wünschte ich mir den Zeitpunkt herbei, an dem ich alles endlich würde zu den Akten legen können", dann müsse aber wirklich Schluss sein (S. 7).

Den spontanen Gedanken, mit der Autorin in Kontakt zu treten, gab ich genauso schnell wieder auf, wie er gekommen war. Ich spürte eine Scheu davor, mit einem fremden Menschen, auch wenn er mir in seinen geschriebenen Worten nicht fremd vorkam, über meinen Vater – über mein Problem – zu sprechen, mich diesem Menschen zu offenbaren. Einen Vater, von dem ich nur wenig wusste, aber vieles wissen wollte. Das mir Unbekannte, vielleicht Unheimliche, hinderte mich daran.

Schleichend kamen immer wieder die Gedanken hoch: Was ist, wenn ich in Erfahrung bringen sollte, dass mein Vater ein „Täter" war, wenn sich herausstellen sollte, dass er mitverantwortlich an den Gräueln der Vergangenheit war? Würde sich in mir ein Schuldgefühl einstellen? Sollte ich mich dann verantwortlich fühlen für meinen Vater, verantwortlich für seine Schuld, verantwortlich vor der Gesellschaft, wie es unserer Generation in Stetigkeit in den Medien vorgehalten wurde? Ich hatte Angst, ein mulmiges Gefühl, unterschwellige Angst vor der Wahrheit.

Weitermachen oder resignieren? Sollte ich mich in die Schicksalsgemeinschaft einreihen, wie die Generation meiner Eltern es getan hatte – eine Gemeinschaft, deren gemeinsame Sprache das Schweigen war? Würde ich mich eines Tages der Situation stellen müssen, persönlich mit der Vergangenheit konfrontiert zu werden? Jeder weitere Schritt auf meiner Spurensuche erforderte Mut.

Eines Tages packte ich die wenigen Dokumente, die ich aus der Personalakte meines Vaters im Bundesarchiv in Berlin in Kopie erhalten hatte, und fuhr zum Institut für Zeitgeschichte in München. Überrascht war ich, dass eine Mitarbeiterin, nachdem sie die Unterlagen intensiv durchgesehen hatte, in einer Kartei den Namen meines Vaters fand und mir versprach, mich in einigen Tagen davon in Kenntnis zu setzen, ob sie im Bereich des Archivs irgendetwas über ihn in Erfahrung bringen konnte.

Auf den ersten Blick war es nicht viel, was sie mir einige Tage später in die Hand drückte: Es waren Kopien einiger Seiten aus der mit dem Vermerk „SECRET" versehenen, gedruckten Kriegsverbrecherliste der Alliierten, auf deren einer Seite (S. 461) der Name meines Vaters mit der „Cr.file No. 29198" stand (Central Registry of War Criminals and Security Suspects – Wanted List, Part II, M-Z, CROWCASS, U.S.APO 887 PARIS, July, 1945). CROWCASS war die Abkürzung von Central Registry of War Criminals and Security Suspects. Crowcass wurde als Dienststelle der vier alliierten Besatzungsmächte 1945 in Paris gegründet, kam im selben Jahr nach Berlin und blieb bis zu seiner Auflösung 1948/49 dort als Dienststelle der alliierten Kontrollbehörde in der Vier-Mächte-Zuständigkeit, obwohl die Sowjets dafür keine Haushaltsmittel einsetzten. Die in kleiner Auflage gedruckten Listen beruhten auf einer von Crowcass geführten Kartei, die später von den Amerikanern vernichtet wurde.

„Mein Vater, ein Kriegsverbrecher ...?" ließ ich leise verlauten. Ach, meinte sie, der Name meines Vaters dort in der Liste sei noch nichts Ungewöhnliches, weil alle, die irgendwie, irgendwann und irgendwo eine berufliche, militärische oder auch politische Position im Dritten Reich innegehabt hatten, dort ohne eingehende Prüfung namentlich aufgenommen wurden, um den Alliierten später eine gezielte Suche oder Nachforschung zu erleichtern. „Aber" – sie blickte mich irgendwie prüfend an – „Sie können davon ausgehen, dass Ihr Vater mit an Sicherheit grenzender Wahrscheinlichkeit mit der Vernichtung der Juden im Dritten Reich in keinen unmittelbaren Zusammenhang zu bringen ist", sonst wäre auf der Karteikarte ein diesbezüglicher Hinweis oder ein Verweis auf eine weitere Dokumentation im Institut vermerkt.

Wenigstens das nicht! Ich spürte eine große Erleichterung, aufatmen, ja, mir fiel sozusagen ein Fels vom Herzen – die Mitarbeiterin hatte mir damit Antwort gegeben auf eine Frage, die ich nicht gestellt hatte. Es war eine Frage, die ich auch mir selbst nicht hatte stellen wollen, eine Frage, die jedoch seit langem in meiner Seele verwurzelt war.

Ich war erleichtert. Ich war einen Schritt weiter. War es ein großer Schritt oder nur ein kleiner? Für meine Seele war es ein großer, für meine Suche lediglich ein ganz kleiner Schritt nach vorn.

UNTERWEGS

2

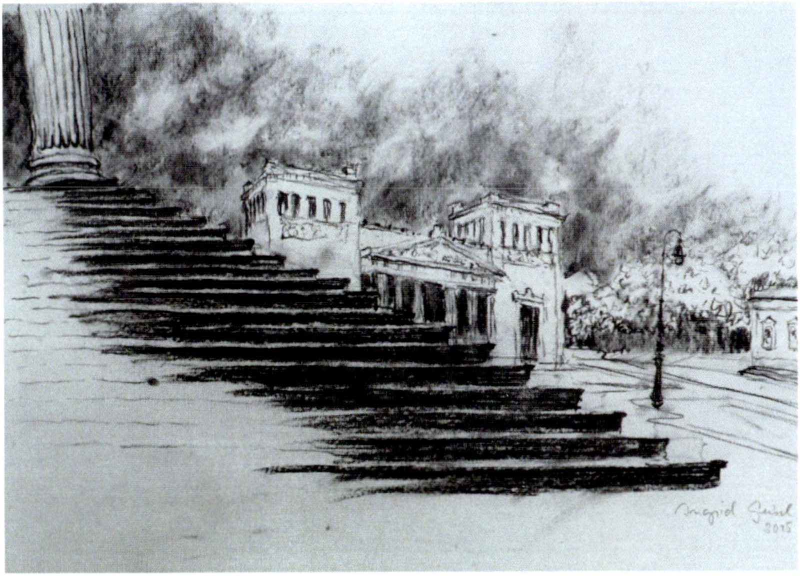

Frank Vorbach

DIE SCHULE WIRD LAZARETT – ERSTER WINTER IN NIKOLAIKEN

Der Sommer ging vorbei und der Krieg in seiner für mich neuen Bedeutung schien uns nun auch in Nikolaiken einzuholen. Es gab zwar keine Bombenangriffe, aber es flogen nun doch öfter Flugzeuge über Nikolaiken, überwiegend „bolschewistische", wie Onkel Adolf sagte. Es wurden viele Verwundete in unsere ehemalige Schule, das jetzige Lazarett, getragen. Sie wurden in Lastautos transportiert, die mit einem roten Kreuz gekennzeichnet waren. Ich schaute mir das immer nur von unserer Seite der Straße aus an, ich mochte nicht näher herangehen. Manchmal dachte ich an meinen Vater, von dem Mutter uns jeden Abend vor dem Schlafengehen erzählte und für den wir dann beteten.

Es wurde nun abends schon früh dunkel. Manchmal, wenn der Abendhimmel klar und die Sterne zu sehen waren, saßen wir mit Onkel Adolf vor dem Haus und er versuchte, uns Sternschnuppen zu zeigen.

Plötzlich war es über Nacht Winter geworden. Als wir morgens aus dem Fenster sahen, war der Garten vor unseren Fenstern weiß von Raureif. Draußen dampfte unser Atem und es war eine scharfe, prickelnde Kälte um uns herum.

Etwas später im Jahr wurde ich nachts häufig geweckt. Es war ein lautes, scharfes Knacken oder Brechen, dem manchmal ein singendes, auf- und abschwellendes Geräusch folgte, das ein paar Sekunden andauerte. „Das ist der See", sagte Onkel Adolf, „das Eis wird zu dick, es braucht Platz, wölbt sich und bricht". Er zeigte uns die breiten Spalten, die quer über den See liefen und durch die manchmal Wasser nach oben gedrückt worden war. Das Wasser war längst wieder gefroren und bildete auf dem sonst glatten

Eis kleine Erhebungen, die fast terrassenförmig auseinanderliefen. Durch die Spalten konnte man sehen, wie dick das grünlich-blaue Eis schon war. Dann kam der Schnee. Er fiel tagelang, es waren große Flocken, die langsam aus dem dunkelgrauen Himmel fielen. Der Himmel schien ganz niedrig zu sein, so als wenn ich die Wolken hätte anfassen können, und es wurde in diesen Tagen gar nicht hell, es schien den ganzen Tag Abend zu sein. Es war still, wirklich still – kein Laut war zu hören. Diese Stille von damals ist heute kaum mehr vorstellbar.

Der Winter war gekommen, wir hatten genug Koks und Holz. In unserem Zimmer stand ein großer, weißer Kachelofen, der als Teil der Wand auch ins Nachbarzimmer reichte. An dem Ofen war eine umlaufende Sitzbank und es war wunderbar, auf dieser Bank zu sitzen, wenn der Ofen geheizt war. Die Bratäpfel in der Röhre füllten mit ihrem Duft das Zimmer.

Mutter sagte, dass nun bald Weihnachten komme und die Front nun nicht mehr weit von uns entfernt sei. Ostpreußen sei eingekesselt und wir könnten nur noch über das zugefrorene Haff flüchten. Trotzdem schmückte Mutter einen Weihnachtsbaum mit Lametta und Kugeln, die sie aus Königsberg mitgebracht hatte. Sie erzählte uns, dass sie ein schlechtes Gewissen habe, weil sie doch eigentlich das Lametta in die Sammlung für kriegswichtige Dinge hätte geben müssen. Sie habe es aber nicht übers Herz gebracht, weil ein Weihnachtsbaum ohne Lametta schrecklich sei, und da diese Zeit ja so schlimm sei, sollten wir wenigstens einen „richtigen" Weihnachtsbaum haben.

Der Baum war hergerichtet. Es war früher Nachmittag und die Sonne schien. Der Schnee glänzte und glitzerte und Berndt hatte die Idee, dass wir vor Anbruch der Dämmerung noch eine Stunde rodeln gehen könnten. Ich glaube, Mutter war es ganz recht, dass sie uns für kurze Zeit loswerden konnte, denn natürlich wurden ja noch Geschenke eingepackt, und dabei waren wir nicht gefragt.

Wir gingen an den See hinter der evangelischen Kirche, gleich hinter unserem Haus, in Richtung Stadt. Von dort bis an die Eisenbahnbrücke war das Seeufer recht steil, und der Schnee war so hoch, dass er auch größere Steine bedeckte. Da der See zugefroren war, hatten wir einen langen Auslauf von dem steilen Ufer auf den See hinaus. Es machte großen Spaß zu

rodeln. Wir fuhren meistens zusammen – Berndt lag der Länge nach mit dem Bauch auf dem Schlitten und ich saß auf seinem Rücken.
Unser vergnügliches Rodeln wurde plötzlich durch lautes Motorengeräusch gestört. Wir standen am Ufer und sahen vier Flugzeuge. Es waren einmotorige, russische Maschinen, sie griffen die Eisenbahnbrücke an. Sie flogen im Kreis und einer nach dem anderen warf eine Bombe ab. Alle Bomben verfehlten die Brücke, sie schlugen auf dem Eis auf, wo sie explodierten und hohe Wasserfontänen erzeugten. Als die erste Bombe explodierte, schmissen wir uns in den Schnee, denn das spielte sich nur etwa hundert Meter von uns entfernt ab. Nachdem sie wohl alle Bomben abgeworfen und nichts außer dem See getroffen hatten, schienen sie abzudrehen. Wir sprangen auf, hüpften herum und freuten uns lauthals, dass unsere Eisenbahnbrücke noch intakt war. Sie müssen uns dabei gesehen haben. Plötzlich flogen sie auf uns zu. „Schnell hinter die Bäume", rief Berndt. Ich lag gerade hinter dem Baum, als sie anfingen zu schießen. Es prasselte und knackte um mich herum, Schnee wirbelte auf und von den Bäumen fielen Zweige und auch ziemlich dicke Äste. Ich kauerte hinter meinem Baum, hatte meinen Kopf eingezogen, die Arme über dem Kopf verschränkt. Ich verspürte wieder diesen Zorn, den ich in Königsberg beim Anblick der Trümmerhaufen vom Balkon aus erlebt hatte. Dass sie auf Kinder schossen, machte mich wütend. Außer ein paar kleinen Zweigen und abgesplitterter Baumrinde hatte ich aber nichts abbekommen.
Das Motorengeräusch wurde leiser, ich richtete mich auf. Ich rief nach Berndt und er meldete sich. Wir liefen aufeinander zu und Berndt hielt seine rechte Hand hoch. Es war Blut daran – ein herabfallender Ast oder splitterndes Holz hatte wohl die Verletzung an der Hand verursacht. Er tat etwas Schnee auf die Wunde, die nicht sehr tief war, und wir kamen überein, Mutter nichts von unserem Erlebnis zu erzählen, weil sie sich dann wieder sehr aufregen und uns mit Sicherheit nicht mehr zum Rodeln gehen lassen würde.
Später, als ich schon Pilot war, wusste ich, dass die russischen Piloten in ihren langsam und tief fliegenden Maschinen uns als Kinder erkannt haben müssen. Sie waren wahrscheinlich frustriert wegen ihrer Unfähigkeit, eine Brücke, die noch nicht einmal verteidigt wurde, zu treffen und wollten sich

abreagieren. Wir waren daher für sie lohnende Ziele.
Das war Weihnachten 1944. Heute erscheint es mir nicht ungewöhnlich, dass ich mich nicht an die Weihnachtsfeier, die Mutter bestimmt veranstaltet hat, erinnern kann. Wir konnten nun auch häufig dumpfes Grollen und Grummeln hören. Onkel Adolf erklärte uns, dass dies Kanonendonner sei, den wir von der sich nähernden Front hören konnten. Auf der Hauptstraße zogen ständig Soldaten auf Fahrzeugen aller Art oder auch zu Fuß nach Westen. Sie waren auf der Flucht vor den Russen. Onkel Adolf beobachtete sie und sagte, dass die meisten schon ihre Waffen weggeworfen hätten.

Einige Zeit danach flüchteten wir vor den anrückenden Russen. Mutter sagte später, dass es Mitte Januar gewesen sei. Berndt und ich liefen hinter einem Leiterwagen, der von zwei Pferden gezogen wurde. Auf dem Wagen saßen Mutter mit Lutz, der ja noch ein Baby war, Tante Hanni, Onkel Adolf, Oma Rehse (die Mutter von Tante Hanni und unserer Mutter) und noch andere Menschen, an deren Namen ich mich nicht erinnere.
Es war kalt (später erzählte uns Mutter, dass es unter dreißig Grad Kälte gewesen sein soll), das Tempo des Wagens war für uns nicht zu schnell, wir trugen unsere Schultornister, die Mutter gepackt hatte. Was da drin war, wusste ich nicht, aber er war nicht zu schwer.
Der Schnee auf der Straße war festgefahren und glatt. Die Straßengräben waren nicht zu sehen, weil sie voll Schnee waren. Neben der Straße, die von großen Bäumen begrenzt war, lagen alle möglichen militärischen Ausrüstungsgegenständen, einschließlich Waffen und Munition. Jedes Mal, wenn Berndt oder ich etwas aufhoben oder auch nur anfassten, rief Mutter sofort, dass wir das lassen sollten, weil es zu gefährlich sei. Manches war aber zu verlockend, wie Ferngläser oder Bajonette, so dass Mutter öfter schimpfte.
Den ersten Teil der Flucht erinnere ich nur bruchstückhaft: das Laufen hinter dem Wagen, die großen Mengen an Kriegsmaterial, das offensichtlich von den fliehenden deutschen Soldaten weggeworfen worden war, die schier endlose Schlange an Wagen vor und hinter uns, den in der Kälte knirschenden Schnee.
Dann hielt der Treck an und wir konnten vor uns ein Dorf sehen. Die Straße war voller Pferdewagen, so wie dem, hinter dem wir liefen.

Links von der Straße, etwas abgelegen, war ein Bauernhof. Plötzlich lenkte Adolf den Wagen aus der Reihe und fuhr auf den Bauernhof zu.

„Wir bleiben hier, ich muss nachsehen, wie es weitergehen kann."

Die Frauen sollten vom Wagen steigen, Mutter ging mit Lutz und Hanni in das Bauernhaus. Die Oma blieb auf dem Wagen. Adolf ging los und wir durften mitgehen. Wir gingen zurück auf die Landstraße und dann am Straßenrand in das Dorf. Der Flüchtlingstreck verstopfte die Straße, überall waren Menschen, die neben den Wagen standen oder am Treck entlangliefen. Das Dorf schien unbewohnt zu sein, wir sahen Menschen nur auf der Straße.

Es wurde allmählich dunkel und als wir am Ende des Dorfes angekommen waren, sahen wir, nachdem der Blick nicht mehr von Häusern verstellt war, einen großen, ganz intensiv roten Schein, der wie eine rote Halbkugel auf dem Horizont lag. Das intensive Rot in der Halbkugel wurde stärker, je länger wir dort standen, da es um uns herum immer dunkler wurde – der Feuerschein wurde immer heller. Der Treck, der sich auf der Straße staute, so weit ich die Straße entlang sehen konnte, schien direkt in den roten Feuerschein hineinzuführen.

„Das ist Rastenburg, es brennt, da kommen wir nicht durch", sagte Adolf.

Wir gingen zurück, wieder an dem Treck entlang, zu dem Hof am Anfang des Dorfes, wo Mutter auf uns wartete.

Sie hatte einen Raum am Anfang der Stallreihe gefunden, in dem ein Herd war, die Frauen hatten Holz besorgt, ein Feuer gemacht und bereiteten jetzt, nachdem klar war, dass wir nicht weiterfahren konnten, alles für die Übernachtung vor. Stroh wurde auf den Boden entlang der Wand geschüttet und Decken darüber ausgebreitet. Das waren unsere Betten.

Die Oma war noch immer auf dem Leiterwagen und Adolf, Mutter und Hanni wollten sie herunterheben, weil sie nicht mehr gehen konnte und sehr gebrechlich war. Da sie aber eine große und trotz ihrer Gebrechen noch stattliche Frau war, gelang es nicht, sie vom Wagen zu heben. Es wurde beschlossen, dass sie auf dem Wagen bleiben sollte. Sie wurde mit allen Decken und warmen Sachen, die wir im Haus entbehren konnten, zugedeckt und Ziegelsteine, die Adolf besorgt hatte und die wir auf dem Herd heiß gemacht hatten, wurden an ihre Füße gelegt.

Der Hof, auf dem wir die Nacht verbrachten, gehörte zu dem Dorf Eichmedien. Im Sommer 1994 war ich dort und habe auch den Hof gesehen. Das Haus, in dem wir übernachtet hatten, stand auch noch dort.
In der Nacht erreichten die Russen das Dorf mit Panzern, wir hörten das Motorengeräusch. Sie haben geplündert, geschossen und das Bauernhaus durchsucht. Da unser Raum am Anfang der Stallreihe und nicht im Bauernhaus war, haben die Russen uns nicht gefunden. An Schlaf war nicht zu denken. Als es hell wurde, sahen wir, dass unsere Familie noch beisammen war. Wir hatten jetzt aber keine Möglichkeit, weiterzufahren, weil keine Pferde mehr da waren. Die Oma lag immer noch auf dem Wagen und wurde von Mutter und Tante Hanni versorgt, so gut es ging. Selbst meiner Mutter blieb es ein Rätsel, wie die Oma die Kälte und die Strapazen überleben konnte. Adolf ging dann alleine los und kam nach ein paar Tagen mit Pferden zurück und wir konnten nach Nikolaiken fahren.
Es gibt kaum Dinge, die mir so deutlich und teilweise detailliert im Gedächtnis geblieben sind wie die Bilder vom Fluchtweg zurück nach Nikolaiken. Es war die Straße, auf der die Russen nach Westen vorgerückt waren.
Auf dem Hinweg hatten wir am Wegrand alle möglichen Geräte, Waffen, Munition und kaputte Fahrzeuge gesehen. All dies lag noch immer da – aber nun kamen die Spuren der Verwüstungen, der Erschießungen und der Plünderungen durch die Russen dazu. Offensichtlich hatten sie die Leiterwagen der Flüchtlinge mit Panzern von der Straße geschoben, sie umgeworfen, durchwühlt und Menschen und Pferde erschossen. Die Leichen lagen, vor allem Frauen meistens unbekleidet, seltsam verkrümmt im Schnee, der an vielen Stellen rot war. Auf der gesamten Strecke von Eichmedien bis Nikolaiken lagen links und rechts der Straße die Toten. In einem der umgestürzten Wagen lag ein Kind, es war etwas kleiner als ich. Ich sah nur einen Teil des Körpers, der Kopf war verdeckt. Ich blieb stehen, schaute zu dem Kind. Mutter sah mein Zögern und rief: „Frank, komm, nicht stehenbleiben." Ich ging weiter, zu Berndt, der hinter dem Wagen schon weitergegangen war.
Wir brauchten den ganzen Tag, um zurück nach Nikolaiken zu kommen. Mutter saß auf dem Wagen, und Berndt und ich gingen dahinter.

Ich schaute zu Berndt – er sagte nichts, schaute nur auf den Boden, nicht nach links oder rechts. Ich schaute fragend zur Mutter – ich wollte wissen, warum das hier passiert war – warum so viele Menschen tot waren, warum die Frauen so unnatürlich verrenkt im blutigen Schnee lagen. Mutter weinte, sie erwiderte meinen Blick, sie verstand meine Fragen und sie schüttelte zitternd den Kopf. Ich spürte, dass sie nicht sprechen konnte.

Ich erinnere mich auch noch an die Stille dieses Rückwegs. Auf dem Hinweg hatten wir gesprochen, hatten sich Leute aus dem Treck Worte zugerufen, waren die Pferde angetrieben worden, hatten wir das Donnern und Grummeln der Kanonen im Hintergrund gehört. Jetzt aber war es still. Diese Stille wurde nur ab und zu vom Knarren des Wagens oder vom Knirschen des Schnees unterbrochen. Keiner der Menschen sprach. Ich fühlte mich bedrückt, hilflos, sehr traurig – aber auch wieder sehr zornig.

Susanne Danek
MEIN WEG NACH MÜNCHEN

Nach Abtretung des Sudetenlands an Deutschland und Bildung des „Protektorats Böhmen und Mähren" sowie Übernahme der Karpato-Ukraine durch Russland war die CSR aufgeteilt. Die Slowakei wurde mit Deutschlands Hilfe 1939 ein selbständiger Staat. Dafür nahmen die Slowaken als Verbündete am Krieg teil und gestatteten, dass slowakische Staatsbürger deutscher Nationalität zur Waffen-SS überstellt wurden. In Preßburg, der Hauptstadt der Slowakei, heute als Bratislawa bezeichnet, lebten damals circa 120.000 Einwohner, je ein Drittel Deutsche, Slowaken und Ungarn.
Im Vergleich zum Nachbarland „Großdeutschland" spürte man dort wenig vom Krieg. Wir hatten noch keine Ahnung, was uns bevorstand.
Ich wollte in Deutschland studieren, aber mein Vater verlangte von mir, dass ich mich wegen der unruhigen Zeiten daheim an der slowakischen Universität immatrikulieren sollte. Meine Sprachkenntnisse erschienen mir nicht gut genug, aber ich meldete mich an. Dabei erfuhr ich, dass ich das Pflichtjahr als Lehrerin in einem nahen deutschen Dorf dazu nicht gebraucht hätte. Wir wurden am Deutschen Gymnasium nach der Matura dazu verpflichtet, uns „freiwillig" für dieses Pflichtjahr zu melden, da die Lehrer zum Kriegsdienst eingezogen waren.
In den Sommerferien fuhr ich zu einer Famulatur ins 58 km entfernte Wien. Dort wohnte ich bei einer Tante im 5. Bezirk.
Nach einem Bombenangriff kamen wir verschreckt aus dem Luftschutzkeller und mussten feststellen, dass von unserem fünfstöckigen Haus nur noch ein Teil stand. Im 2. Stock, der Wohnung meiner Verwandten, hing der Parkettboden schräg herunter und der Flügel stand nur noch auf zwei

Beinen im halben Zimmer, ein Bein ragte grotesk ins Freie. An diesem Tag, Mitte Februar, im letzten Kriegsjahr, fielen auch die Oper, das Parlament und viele andere Gebäude am Ring den Bomben zum Opfer.
Bei meiner beschleunigten Heimkehr traf ich niemanden an. Ich eilte zum Amt meines Vaters, der mir erklärte, dass meine Mutter an diesem Morgen mit einem Transport weggebracht worden war. Die Deutsche Wehrmacht hatte angeordnet, dass deutsche Frauen und Kinder sowie Kranke in Richtung Linz evakuiert werden. Männer zwischen sechzehn und sechzig Jahren sollten beim Volkssturm die sich nähernden russischen Heere aufhalten.
Mein Vater war sehr besorgt, wie meine Mutter diesen Transport aushalten sollte, denn sie war kränklich. Nach einem traurigen Abendessen mit vielen Überlegungen auch meinetwegen, beschlossen wir, dass ich versuchen sollte, meine Mutter zu finden, um mit ihr gemeinsam abzuwarten, wie es weitergehen soll. Mein Vater brachte mich am nächsten Morgen zum Autobus an der Donaubrücke, die, mitten in der Stadt gelegen, die Grenze zum Reich bildete. Ich ahnte damals nicht, dass ich meinem Vater für immer Abschied sagte und ihn nie mehr wiedersehen sollte.
Es wurde eine abenteuerliche Reise mit wenig Geld und fast ohne etwas zu essen, denn slowakische Kronen wollte niemand eintauschen. Ich hatte von einer Tante erfahren, dass meine Mutter im Böhmerwald sei. Viele heimatlose Menschen waren schon unterwegs, Flüchtlinge aus Schlesien und anderen östlichen Gebieten, die nicht wussten, wohin. Wenn Transporte mit Müttern und Kindern kamen, versuchte ich in der Nähe zu sein, um auch ab und zu eine warme Suppe vom DRK zu erhalten. Endlich gelang es mir, nach mehrtägiger Fahrt, nach Attes bei Krumau zu kommen, das damals zu „Großdeutschland" gehörte. Man durfte immer nur 70 km am Stück per Zug fahren. Teile des Weges legte ich zu Fuß zurück, wobei ich meinen Koffer mit Mühe weiterschleppte. Der Transport, in dem sich meine Mutter befand, war einige Zeit herumgeirrt, denn die vorgesehenen Flüchtlingslager waren überfüllt und die Flüchtlinge waren von mehreren Stellen abgewiesen worden.
Meine Mutter hatte in einem Bauernhof Unterkunft gefunden, nachdem sie zuerst im Turnsaal einer Schule mit vielen Menschen zusammen hat-

te hausen müssen. Wie waren wir froh, als wir uns gefunden hatten! Sie konnte es kaum glauben, dass es mir gelungen war. Sie war sehr mager geworden, ihre Magengeschwüre machten ihr arg zu schaffen. Mit Erlaubnis des Bauern konnte ich bei ihr in dem winzigen Zimmer neben dem Pferdestall bleiben. Wir schliefen auf Strohsäcken am Fußboden und hatten weder Schrank noch Tisch. Nachts hörten wir das Klopfen der Pferdehufe durch die dünne Bretterwand. Um aufs Plumpsklosett zu kommen, musste man über ein Brett am Misthaufen balancieren.

Meine Mutter hatte bald eine Methode gefunden, unsere Kost aufzubessern: Sie prophezeite den Bauern die Zukunft aus Karten und erhielt dafür Eier, Milch, Äpfel und Brot. Eines Tages hieß es, dass alle Frauen in dem kleinen Ort schießen lernen sollten, um sich vor den bedrohlich sich nähernden Russen zu schützen.

Wir versuchten nun eine Reisegenehmigung nach Marienbad zu erhalten, woher meine Mutter stammte, um dort vielleicht bei Bekannten Zuflucht zu finden. Es galt, zu Fuß nach Krumau zu kommen, von wo wir über Böhmisch-Budweis, über Pilsen, das im Protektorat lag, in mehreren Etappen mit Personenzügen das Ziel erreichten.

Müde und hungrig wollten wir aus dem Zug steigen, als uns gesagt wurde, dass die Flüchtlinge nicht bleiben könnten. Wir sahen schon recht schäbig aus. Meine sonst so schwache Mutter hatte plötzlich die Kraft, hochmütig zu sagen: „Wir wollen Dr. Gnad, den Leiter des Roten Kreuzes aufsuchen!". Der vorher abweisende Bahnhofsvorstand half uns dann sogar, die beiden Koffer auf den Bahnhofsvorplatz zu tragen.

Mit der Straßenbahn schafften wir es dann, zum Haus des Taufpaten meines Bruders zu kommen. Er begrüßte uns sehr freundlich, da er mich als Medizinstudentin im zweiten Semester in der Stadt, die als Kurort zur Lazarettstadt geworden war, gut gebrauchen konnte. Er ließ mich sogleich als Krankenschwester einkleiden und wies uns ein Zimmer an. Ich wurde im „Templerhaus", einem früheren Hotel, das als Lazarett diente, eingestellt. Im Nachtdienst kam ich gleich mit schrecklicher Not in Berührung. Ein 19-jähriger Soldat kam früh mit einer Schusswunde am Fuß von der schon nahen Front und starb am Abend an Gasbrand. Ein anderer Mann hatte eine hohe Beinamputation und zitterte immer mit dem Reststumpf, den ich verbinden musste. Trotz der traurigen Lage versuchte ich, den vielen Verwundeten etwas Aufmunterung zu geben. Jeder freute sich über einen freundlichen Zuspruch.

Im Krankenhaus traf ich eine entfernt mit mir verwandte Krankenschwester, die nach einem Mann suchte, um „ihrem" Führer noch ein Kind zu schenken. Außerdem wollte sie zum „Werwolf", einer im Entstehen begriffenen Untergrundorganisation, um den Krieg in letzter Minute zu gewinnen.

Im April sagte man, dass „unser Führer für Volk und Vaterland in Berlin gefallen" sei. Eine Mitschwester sagte: „Endlich ist der Hund tot". Aber der Krieg war damit noch nicht zu Ende. Am 4. Mai 1945 klopfte es nachts an unsere Zimmertür und mein 17-jähriger Bruder stand davor. Er hatte eine Irrfahrt über Prag, Pilsen, Krumau hinter sich, in ständiger Gefahr, als Volksdeutscher zur Waffen-SS geholt zu werden. Diese Nacht musste er in einer Schublade der Kommode schlafen, denn wir hatten kein Bett für ihn. Zwei Tage später, am 6. Mai 1945, stand ich beim Kopf eines Soldaten, dem eine zerschossene Niere entfernt werden musste. Meine Aufgabe war, ihn mit Chloroform zu betäuben. Es gab damals noch keine großen Anästhesievorschriften. So fand ich mich chloroformiert am Fußboden wieder. Ich hatte nämlich vor Aufregung zu heftig und unachtsam eingeatmet, als plötzlich ausgerufen worden war, dass amerikanische Panzertruppen in die Stadt einfuhren. Die Operation wurde gerade noch zu Ende gebracht, als schon Soldaten mit vorgehaltenen Waffen ins Lazarett kamen. Sie verhielten sich glücklicherweise sehr anständig, zumal sie die vielen Verwundeten sahen. Eine der Krankenschwestern konnte mit ihnen englisch sprechen.

Wir waren sehr dankbar, als wir erfuhren, dass die Russen nur 30 km entfernt, in Karlsbad, stehen geblieben waren. Der Krieg war verloren, das Lazarett wurde aufgelöst, Soldaten und Angestellte kamen in Kriegsgefangenschaft.

Da ich noch einen slowakischen Pass hatte, wurde ich einfach entlassen. Die CSR wurde zum Teil wiederhergestellt, bis auf den von den Russen beanspruchten östlichen Teil. Um uns fühlen zu lassen, dass wir am Krieg schuldig sind, mussten wir als Deutsche, wie die Einheimischen, aber gelbe Armbinden tragen, durften nicht am Gehsteig gehen und erhielten nur geringe Essensrationen zugeteilt.

Wir wollten nun nach Hause zurück, erhielten aber vom Vater eine Nachricht, dass wir noch bleiben sollten, denn man hatte ihn aus dem Staatsdienst entlassen und enteignet. Es sei ihm auch unmöglich, zu uns zu kommen. Außerdem wurden wir gewarnt, dass Deutsche sofort in Internierungslager gebracht würden, wenn man sie in Zügen erkannte. Unsere Situation erschien hoffnungslos.

Ich versuchte, irgendwo zu arbeiten und wurde als Küchenhilfe in ein Hotel geschickt, in dem sogenannte Rotgardisten kaserniert waren. Da ich einigermaßen Slowakisch sprechen konnte, das die Tschechen verstanden, kam ich mit ihnen zurecht. Auf die Frage, warum wir nicht daheim seien, log ich, dass wir ausgebombt seien. Ich befand mich in guter Gesellschaft, eine Gutsbesitzerin aus Ostpreußen, eine Lehrerin aus Schlesien und andere Geflüchtete schälten mit mir gemeinsam Kartoffeln im Keller. In der Küche durfte ich nicht mehr arbeiten, denn ich hatte einmal vergessen, Nieren zu wässern, die dann mit ihrem aufdringlichen Geruch das ganze Essen verdarben.

Im Juli 1945 versuchte ich, eine Stellung bei einem Zahnarzt zu finden. Es wurde mir aber nicht erlaubt, sondern ich wurde als Kellnerin in einem amerikanischen Offiziersclub beschäftigt. Dort verkehrten meist Ärzte, die mich sehr höflich behandelten, als sie erfuhren, dass ich Medizinstudentin sei. Mein Bruder war als Pferdebursch im Golfclub bei den Amerikanern eingeteilt und konnte der kranken Mutter manchmal etwas Gutes zum Essen bringen.

Man hörte nun munkeln, dass die deutschen Bewohner des Sudetenlands ausgesiedelt werden sollten, wie es die tschechische Exilregierung unter Benesch mit den Siegern ausgehandelt hatte. Es gab auch ein Gerücht, dass das Bäderdreieck Marienbad, Karlsbad und Franzensbad wegen seiner rein deutschen Bevölkerung an Bayern angeschlossen werden sollte.

Eines Tages kam ein Aufruf über die im Ort installierten Lautsprecher, dass die amerikanische Armee Telefonistinnen suche. Es war bekannt, dass in der hier befindlichen Hotelfachschule viele Leute Englisch gelernt hatten. Auf der Suche nach einem Ausweg aus unserer verworrenen Lage versuchte ich mein Glück. In einer beschlagnahmten Villa begrüßte mich ein junger Offizier mit: „May I help you?", was ich als Hilfeangebot verstand, aber es hieß nur „Was wünschen Sie?". Mein Schulenglisch hatte sich während meiner Arbeit im amerikanischen Club aber so verbessert, dass ich auf die Liste gesetzt wurde, um als Telefonistin in Deutschland angenommen zu werden. Mit dem Vater konnten wir weiterhin keinen Kontakt aufnehmen, denn wir hatten keine Gelegenheit, zu telefonieren, und die Briefpost funktionierte auch nicht.

Am 12. September 1945 war es mir möglich, meine Mutter und meinen Bruder zu dem Transport mitzunehmen, der auf der Kurkolonnade zusammengestellt wurde. Unser Gepäck war recht bescheiden, wir besaßen kaum noch etwas. Tschechische Soldaten untersuchten alles genau, damit keine Wertgegenstände mitgenommen würden, das sei jetzt alles Besitz des neuen tschechoslowakischen Staats. Man nahm uns gefundene Schmuckstücke ab, wofür wir Quittungen unterschreiben mussten, die uns aber nicht ausgehändigt wurden. Ich hatte meiner Mutter Geldscheine ins Mieder genäht, wovon sie aber nichts wusste. So war sie ganz unbefangen, als man sie nach Wertsachen fragte. Amerikanische Trucks mit Zeltdächern standen bereit, um die 120 Frauen und Mädchen mit einigen Angehörigen wegzubringen. Je zwölf Personen durften auf die Ladefläche und eine Person beim Fahrer einsteigen. Der Anblick von Farbigen, welche die Wagen fuhren, war für uns vollkommen ungewohnt. Deshalb trauten sich nur wenige, vorne beim Fahrer einzusteigen. Es wurde eine Fahrt ins Ungewisse, denn wir wussten – wahrscheinlich aus militärischen Geheimhaltungsgründen – vorher nicht, wo unser Ziel sei.

Wir fuhren Richtung Eger. Knapp vor der Grenze, bei Schärding, hielt unser Lastwagen. Schreckerfüllt schauten wir uns um. Der Fahrer verlangte nun von uns, dass wir alle aussteigen sollten. Es sagte, er habe beobachtet, dass wir trotz der Visitation noch Geld, Schmuck und andere wertvolle Dinge hätten. „Gebt mir, was ihr noch versteckt habt, ihr könnt es auf Dauer doch nicht verbergen". Am Grenzübergang wurde von tschechischen Beamten nochmals Kleidung und Gepäck gründlich durchsucht und manches konfisziert. Einige hatten sogar Teppiche, Stühle und Kleinmöbel mitnehmen wollen.

Plötzlich hieß es, wir seien nun in Bayern. Auf einem Rastplatz in der Nähe von Nürnberg gab es wieder einen Halt. Wir waren alle sehr müde und hungrig und, obwohl schon so lange unterwegs, noch nicht weit gekommen. Es war dunkel, unsere Gedanken waren schwer und die Zukunft verhangen. Da kam unser Fahrer zu uns, lächelte mit strahlend weißen Zähnen übers ganze Gesicht und sagte: „Nehmt euch jeder, was ihr mir gegeben habt, ich habe es für euch gerettet. You are like slaves now, I am a slave, so we are friends!".

Am 13. September 1945 früh erfuhren wir, dass wir in München bleiben würden. Die Trucks blieben hinter den Häusern Wendl-Dietrich-Straße 26 bis 32 im Hof stehen. Es hieß, dass wir hier wohnen würden, von wo Parteigenossen aus den – nach allen Bombenangriffen noch erhaltenen – Wohnungen ausquartiert worden waren. Einige Monate hatten aus KZs befreite Häftlinge dort gewohnt. Wir waren sehr froh, endlich die unbequemen Holzbänke, die entlang der Längsseiten der Lastwagen angebracht waren, verlassen zu können. Endlich wurden je acht Personen in die vorgesehenen Vierzimmerwohnungen eingewiesen. Auf Verwandtschaft oder Familie wurde kaum geachtet, man wurde mit bisher Fremden zusammengebracht. Jeder erhielt einen Strohsack mit der Aufschrift „Volkssturm", denn in den Zimmern gab es keine Betten. Meine Mutter, mein Bruder und ich hatten aber das Glück, gemeinsam in eine Wohnung eingeteilt zu werden. Wir kamen in einem Zimmer mit grünen Bauernmöbeln unter. Froh waren wir auch, dass es ein Badezimmer gab, man konnte endlich wieder einmal richtig sauber werden. Im Keller fanden wir gehortetes Knäckebrot, das zusammen mit Leitungswasser unsere Willkommensmahlzeit war.

Im zerbombten Hauptpostamt an der Maximilianstraße wurden wir in die Geheimnisse des Telefonierens eingewiesen. Nach einigen Tagen schickte man uns Telefonistinnen zum Bunker in der Maria-Theresia-Straße, in dem eine Telefonzentrale für die amerikanische Armee eingerichtet war. Wir lernten nun: „Munich, military, may I help you?" oder „Munich, switch, the line is busy".

Ich lebe nun seit beinahe 55 Jahren in München. Vielen Menschen ist meine frühere Heimat heute kaum noch bekannt. So fragte mich vor einiger Zeit jemand: „Woher kommen Sie nacha?". Ich erklärte: „Aus Preßburg in der Slowakei". Erstaunt hieß es: „Sie können aber gut Deutsch, wo haben Sie das gelernt?". Ich antwortete: „In meiner Wiege im deutschen Elternhaus".

Erika Dieling
DIE FLUCHT IM MÄRZ 1945

Die Front rückte immer näher und wir in Schlesien sprachen von nichts anderem mehr als von der Flucht. Unsere Mama nähte Rucksäcke, denn niemand konnte mehr mitnehmen, als er tragen konnte. Das galt für Kinder wie für Erwachsene. Koffer konnte man nicht weit schleppen, vielleicht musste man sie stehen lassen. Die Schulen waren längst geschlossen, dort waren Notlazarette eingerichtet, in denen verwundete Soldaten untergebracht waren. In den Straßen wurden Panzersperren aufgerichtet.
Die NSV (Nationalsozialistische Volkswohlfahrt) stellte Züge zusammen, um die Menschen „ins Reich" zu bringen. Uns alle erfasste eine quälende Unruhe. Die Frage: „Wann werdet ihr wegmachen?" hörte man täglich von Bekannten und Verwandten. Keiner wollte so einfach weggehen – aber dableiben erst recht nicht. Jede Familie musste es für sich entscheiden, niemand wusste auf die vielen Fragen eine Antwort. Hatten die Leute sich entschlossen wegzugehen, dann ging es in eine ungewisse Zukunft, das war jedem klar. Wohin fuhren die Züge, welche die NSV für die Flüchtlinge zusammengestellt hatte? „Ins Reich", sagten die einen, „in den Sudetengau und nach Österreich" die anderen. „Es soll ja Züge geben, die nach Bayern fahren", berichtete Frau Scholz vom Hinterhaus. „Die Bayern mögen uns nicht, die sagen immer ‚Saupreußen'. Da geht es uns sicher schlecht, da hätten wir nichts zu lachen." Also gut, dann nicht nach Bayern, aber wohin dann? „Sie haben überhaupt keine Wahl", mischte sich Frau Peschel ein. Wir könnten froh sein, wenn wir überhaupt in einen Zug hineinkommen. Die Züge sind überfüllt, wenn sie nach Neiße kommen, und am Bahnhof wimmelt es von Menschen, die weg wollen, weil sie irgendwo im Reich

Verwandte haben, die sie aufnehmen. „Ja, die können froh sein", dachte ich, „die im Reich Verwandte haben! Die haben's gut!"
Wir hatten bisher nichts gespürt vom Krieg, es ging friedlich zu in Schlesien. Dass man Lebensmittelkarten und Bezugscheine für Textilien und Schuhe brauchte, empfanden wir als nicht so tragisch. Doch nun zeigte sich das Grauen des Krieges im Straßenbild, an den verwundeten Soldaten, die erst in Lazaretten und später noch in Schulen behandelt und versorgt wurden, wenn sie an Krücken mit einem Bein durch die Straßen humpelten. Die Armamputierten steckten den leeren Stoffärmel meist in die Jackentasche, wo sie ihn mit einer Sicherheitsnadel festmachten.
Die Todesanzeigen gefallener Soldaten in der Neißener Zeitung wurden zahlreicher und in die noch vorhandenen Schulklassen kamen immer mehr „Bombenkinder" aus Berlin oder aus München. Sie waren wegen der vielen Bombennächte in den Luftschutzkellern ihrer Heimatstädte nach Schlesien evakuiert worden, weil da, abgesehen von den geschilderten äußeren Eindrücken, vom Krieg wenig zu spüren war. Doch dieser ruhige Zustand sollte sich ganz schnell ändern, als plötzlich im März 1945 auch unsere schlesischen Städte von den Alliierten bombardiert und zum Teil völlig zerstört wurden.
Am 15. März gegen Mittag erfolgte der erste Bombenangriff auf die Stadt Neiße, bei dem auch das Haus vom Sattlermeister Böse auf der gegenüberliegenden Seite unserer Zollstraße getroffen und völlig zerstört wurde. Beim zweiten Angriff am nächsten Tag brannten viele Häuser in den umliegenden Straßen. Der Anblick des brennenden Eichendorff-Gymnasiums an der Bielstraße, das doch längst keine Schule mehr war, sondern ein Lazarett mit deutlich erkennbarem Kreuz auf dem Dach, dieser grauenvolle Anblick hat sich mir zeitlebens eingeprägt.
Unser Haus erbebte während der Explosionen in seinen Grundmauern. Die Hausbewohner saßen im Keller und viele beteten. Wolfgang Alder vom Hinterhaus schlug mit einer Axt die Verbindung zum Nachbarhaus und somit den Fluchtweg frei, für den Fall, dass wir verschüttet würden. Die Menschen gaben sich ruhig und gefasst, doch spürten wir die Angst, die in einem jeden steckte. Nach diesem schrecklichen Bombentag flohen viele Menschen noch am selben Abend in Panik aus unserer Stadt.

Züge fuhren keine mehr, denn Bahnhof und Gleise waren zerstört. Unser Vater, der einige Wochen vorher mit offener TBC aus dem Glatzer Gefängniskrankenhaus zu uns gekommen war, hatte schon für die Familie geplant, mit unseren Verwandten, die Bauern waren, gemeinsam auf die Flucht zu gehen. Vater, der abgemagert und ständig hungrig war, meinte: „Wer mit Bauern geht, der leidet keine Not und bekommt immer etwas zu essen". Mama dagegen hatte im Stillen gehofft, mit einem NSV-Zug wegzukommen; aber so musste sie wieder einmal nachgeben, was ihr offenbar nicht leicht fiel. Der Gedanke, dass sich unsere Familie in die Abhängigkeit der bäuerlichen Verwandtschaft begeben sollte, war für sie nicht verlockend. Jedoch was Vater beschloss, wurde durchgeführt. So fuhr er also, drei Tage vor der Bombardierung, mit den beiden Kleinen – Klaus war damals zehn und Marianne acht Jahre alt – nach Prockendorf, um bei der Zusammenstellung der Trecks zu helfen. Nachdem Papa die beiden Kleinen mitgenommen hatte, blieb der Mama gar nichts anderen übrig, als mit mir nachzukommen. Ich war damals dreizehn Jahre alt.

Als nun die Menschen in Neiße gegen Abend panikartig die Stadt verließen, denn niemand wollte noch einen dritten Angriff miterleben, machten auch wir beide uns inmitten der vielen Flüchtenden auf den Weg. Wir hatten Fahrräder, vollbeladen mit Gepäck, die wir nur schieben konnten, an ein Fahren war nicht zu denken. Die dichte Kolonne – Frauen, Kinder, alte Leute, zu Fuß, mit Kinderwagen und Handwägelchen – bewegte sich in Richtung Ziegenhals, Sudetengau. Eine verstörte ältere Frau ging kurze Zeit neben mir und rief andauernd: „Ja, wo geh'n die alle hin, was soll ich machen, hilft mir denn keiner?", während sie einen fast leeren Kinderwagen vor sich herschob. Doch keiner der hastenden, von Geschützdonner getriebenen Menschen hörte auf sie; ein jeder dachte: Nur weg von hier!

Nach einigen Kilometern teilten sich die Straßen, die Flüchtenden gingen nach Osten, während wir beide unsere schweren, vollbepackten Räder in westlicher Richtung durch die Nacht schoben. Wohl an die 20 km mögen es gewesen sein, die wir bergauf, bergab, einsam und allein auf der vom Mondlicht beschienenen Landstraße weitergingen, bis wir endlich in das Dorf Prockendorf kamen. Wir hatten unser Ziel erreicht. Die Hoftür war noch offen, irgendjemand nahm uns die Räder ab, wir gingen durch den

Stall, Richtung Wohnhaus. Da waren meine Kräfte zu Ende. Ich fiel vor Erschöpfung auf einen Haufen Heu und glaubte, nie mehr weitergehen zu können. Da kamen meine beiden kleinen Geschwister, freuten sich, dass wir endlich da waren, denn alle hatten die Bombenangriffe auf Neiße gehört, freuten sich, dass wir wieder alle zusammen waren. Das gab mir wieder etwas Kraft, um von meinem weichen Heulager aufzustehen, in die große Wohnküche zu gehen und etwas zu essen.

Viele fremde Leute waren da, die von Tante Mariechen versorgt wurden, Flüchtlingsfamilien aus Hennersdorf und sogar Klosterschwestern aus Ostpreußen mit ihren weißen, gestärkten Hauben. Mama sagte: „Wie schaffst du das, Mariechen, alle die vielen Leute zu versorgen?" und Tante Mariechen meinte in ihrer stillen Art: „Ach, Anni, wir würden noch viel mehr tun, wenn wir nur dableiben könnten."

Wir drei Kinder schliefen mit der Mama in einem Zimmer der oberen Etage, während Papa sich sein Domizil im Austragshaus gesucht hatte. Von ihm haben wir an diesem Abend nicht viel gesehen. Am darauffolgenden Tag, einem Samstag, wurde im Dorf der Treck zusammengestellt, und wir, die Familie Becke Richard, durften unser Gepäck auf den Wagen von Becke Johann legen. Die Mama hätte zu gerne die kleine Marianne auf den Wagen gesetzt, weil sie wegen der zu kleinen Schuhe, die sie anhatte, nur schlecht laufen konnte (die passenden Schuhe lagen nämlich beim Schuhmacher in Neiße zum Besohlen). Aber fahren war auch für das Kind nicht möglich, alle mussten zu Fuß gehen.

Der Bürgermeister gab gegen Mittag das Zeichen zum Aufbruch. Ein langer Zug von Menschen und Pferdewagen zog bei Sonnenschein zum Dorf hinaus und viele dachten: Wir kommen wieder, das ist nur vorübergehend! Nach einer kurzen Strecke, es mögen wohl zwei Kilometer gewesen sein, seit wir das Dorf verlassen hatten, hielt der Treck. Was war geschehen? Die Russen waren da!

An dieser Stelle möchte ich unsere Mama zu Wort kommen lassen, die das Geschehen dieser Tage – Tage, die wir nie vergessen konnten – aufgeschrieben hat. Ihre Aufzeichnungen habe ich viele Jahre später in ihrem Nachlass gefunden:

»Auf einmal schreien Leute, „Russische Panzer kommen!" Die Wagen bleiben an der rechten Straßenseite stehen, wir werfen uns alle an die Straßenböschung und bleiben liegen. Die Russen schießen mit MGs auf flüchtende Menschen. Wer versucht weiterzufahren oder zu laufen, ist das Ziel der russischen Schützen. Die Panzer rollen an uns vorbei ohne Ende. Mariandl liegt neben mir auf der Erde und jammert immerfort: „Lieber Gott, hilf uns doch!" Einige Panzer bleiben stehen. Ein Russe kommt auf uns zu und sagt sehr freundlich: „Geht ruhig nach Hause, der Russe ist ein guter Soldat, der tut euch nichts. Solchen Kindern (er zeigt dabei auf Mariandl und streichelt sie) tun wir nichts. Nur deutsche Soldat hat unsere Kinder erschossen. So etwas macht der Russe nicht". Wir atmen auf und sind nicht mehr so verängstigt. Der Treck muss zurück nach Prockendorf. Die Wagendeichseln sind zum Teil zerbrochen, der Inhalt mancher Wagen liegt verschüttet auf der Straße. Mehl, Getreide, Wäsche, ein Radioapparat.

Wir kommen im Haus von Onkel Johann an. Im Hof holen russische Soldaten die Pferde und Wagen aus dem Stall. Nur Frieda, die Stute, lassen sie stehen, sie ist tragend. Dann schnappen sie sämtliche Fahrräder. Mein gutes, altes ist auch dabei. Papas liegt noch im Straßengraben, es ist zerbrochen.

Wir, Minke, Liesbeth, Klaus und ich, gehen dann mit einem Handwagen zur Straße zurück, um Sachen aus dem Wagen zu holen. Wir laden auf und wollen wieder heim. Die Straße ist verstopft durch russische Panzer und Kraftwagen. Einige Russen stehen bei Bauernwagen und plündern sie. Weil wir auf der Straße nicht fahren können, geht es ein Stück über Acker und dann wieder Straße. Die ist von den schweren Panzern vollkommen aufgerissen. Wenn wir nicht vorwärts kommen, helfen Russen den Wagen schieben. Sie machen einen guten Eindruck. Bei Onkel Johann angekommen, räumen wir unsere Koffer und Rucksäcke ein. Es wird Abend, wir gehen in unsere Zimmer, Onkel Johann schließt wie immer die Haustür ab. Papa schläft oben im Auszughaus, Erika, Klaus, Marianne und ich im Wohnhaus oben. Neben uns im Zimmer die Flüchtlinge aus Hennersdorf, Onkel Johann und Tante Mariechen unten in der Schlafstube, die Mädels (Maria und Liesbeth) haben sich in der Scheune versteckt.

Abends gegen 10 Uhr kommen Autos mit Fußtruppen angefahren. Man hört sie rufen, es müssen viele sein. An der Haustür wird stark geklopft.

Onkel Johann geht aufmachen und kommt bald mit drei Russen zu uns ins Zimmer. Die Russen leuchten uns mit ihren Taschenlampen an und gehen wieder. Ich bin froh, dass alles so glatt ging.
Ich höre nun, wie die Russen im Hof lärmen. Sie gehen in die Scheune, in die Ställe, ins Auszughaus, sie kommen ins Wohnhaus und gehen durch alle Räume. Sie kommen herauf und zu uns. Ich sitze angezogen an Erikas Bett, als drei Russen hereinkommen. Sie leuchten uns mit der Taschenlampe an ... «

Ab hier konnte die Mama nicht mehr weiterschreiben. –
Die Frauen im Haus, Mama, Tante Mariechen, die Flüchtlingsfrauen, die Ordensschwestern, sie alle wurden die ganze Nacht vergewaltigt. Onkel Johann wurde gezwungen, dabei zu sein.

Heidi Ludbrook
VON MÄHREN NACH BAYERN

Geboren wurde ich als drittes Kind meiner Eltern. Meine Heimatstadt ist Olmütz in Mähren, das zur Zeit meiner Geburt zum „Protektorat Böhmen und Mähren" gehörte. Geographisch ist es das Sudetenland, benannt nach dem Gebirgszug der Sudeten, der die natürliche Grenze zu Deutschland und Polen bildet. Meine deutschen Vorfahren lebten bereits seit einigen Jahrhunderten in diesem Landstrich. Sie rodeten das Land und machten es urbar. Mähren wurde zur Kornkammer Österreich-Ungarns während der Habsburger Monarchie und der nachfolgenden tschechischen Republik. In den Erzählungen meiner Großmutter schwang der Stolz auf dieses wunderbare Land und seine Bewohner mit.

Obwohl viele Völkerstämme in diesem Raum miteinander lebten, hatte man sich arrangiert, auch wenn es nicht leicht war. Als nach dem verlorenen Ersten Weltkrieg die tschechische Republik gegründet wurde, verhärteten sich die Fronten zwischen den neuen tschechischen Machthabern und den Deutschen, Slowaken und Ungarn, die zu rechtlosen Minderheiten in dem neuen Staat erklärt wurden. Dies hatte wiederum Auswirkungen auf die Lebensgestaltung, Familienplanung und Arbeitssituation der Staatsbürger. Um der Arbeitslosigkeit zu entkommen, suchten viele ihr Heil im benachbarten Ausland.

Mein Vater ging nach Berlin und bekam als Diplomingenieur der Elektrik bei Siemens eine Stelle. Er holte seine Frau zu sich und in Berlin-Charlottenburg kamen meine beiden älteren Zwillingsbrüder Horst und Heinz auf die Welt.

Der Zweite Weltkrieg brach aus. Das veranlasste meinen Vater, seine kleine Familie wieder zurück nach Hause zu schicken. Meine Mutter bezog im Beamtenviertel von Olmütz in der Mozartstraße 4, unweit der Wohnung ihrer Eltern, eine Wohnung, während unser Vater weiter in Berlin den Lebensunterhalt verdiente. Durch die Nähe zu ihren Eltern hatte meine Mutter Unterstützung.

Der Krieg kam näher, die Gräben zwischen den einst friedfertigen Nachbarn vertieften sich. In diese fried- und freudlose Zeit wurde ich hineingeboren. Mein Vater war in der Zwischenzeit in die NSDAP eingetreten und bekam in Olmütz einen Posten als technischer Betriebsleiter in den städtischen Elektrizitätswerken. Endlich war unsere Familie wieder zusammen.

Für uns Kinder begann eine selige Zeit. Meine Mutter und Großmutter umsorgten und umhegten uns. Ihnen stand unser tschechisches Kindermädchen Andjelko zur Seite. Sie brachte uns die tschechische Sprache nahe. Wir gingen in den Stadtpark von Olmütz zum Spielen, fuhren mit der Straßenbahn. Längere Ausflüge brachten uns zu den March-Auen, wo wir picknickten und uns vergnügten.

Die Beziehung zu meinen beiden älteren Brüdern war sehr vertrauensvoll, ich gehorchte ihnen und tat, was sie mir auftrugen. Mein Dasein als Einzelgängerin wurde durch die Geburt meines kleinen Bruders Hasko beendet. Jetzt hatte auch ich jemanden zur Seite. Denn meine beiden großen Brüder waren und sind bis heute eine Einheit, für die weitere Personen überflüssig sind. Zumindest empfand ich das so.

Hasko war von Anfang an ein Strahlemann. Als er laufen konnte, wackelte er auf seinen strammen Beinchen durch unsere Welt, freute sich an allem, was sich anbot. So gingen unsere Tage sorglos dahin.

Wir blieben von den Kriegswirren zunächst verschont – bis zu dem Zeitpunkt, als sich unser Vater noch 1944 zur Wehrmacht meldete, in der Hoffnung, er würde helfen, den Krieg zu gewinnen. Er war bei der Kavallerie in Prag stationiert und hatte von dem Zeitpunkt an nur noch wenig Kontakt nach Hause. An ihn als einen Offizier der Kavallerie kann ich mich wenig erinnern. Als er anlässlich der Geburt unserer Schwester Hilke im September 1944 Heimaturlaub bekam, empfand ich den fremden Mann in unserer Wohnung als störend und verhielt mich dementsprechend abwehrend. Nach Aussagen meiner Mutter war mein Vater sehr enttäuscht darüber, dass seine kleine Prinzessin ihn ablehnte. Seinem Wunsch, ihm die Stiefel zu bringen, kam ich nicht nach und rief „Nein, das tu ich nicht!". Und so piekte er mich mit seinen Sporen. Noch heute beschleicht mich ein befremdliches Gefühl, wenn über mein damaliges Verhalten gesprochen wird.

Das Leben ging weiter, mein Vater war nicht mehr da und unsere Welt war wieder in Ordnung. Meine kleine Schwester genoss das Leben und Treiben mit uns. Am liebsten schlief sie bei unserem Lärm und sie protestierte unter Gebrüll, wenn unsere Mutter sie zum Schlafen hinausfuhr. Mein kleiner Bruder saß am liebsten am Kopfende ihres Bettes und spielte selbstvergessen.

Plötzlich hatten diese unbekümmerten Tage ein Ende. Die Ostfront rückte näher, die Russen waren auf dem Vormarsch. In Windeseile wurden ein paar Habseligkeiten gepackt und wir alle marschierten nach Westen. Wir fuhren mit Zügen, wir wurden in Viehwaggons zusammengepfercht und in andere Züge umgeladen. Manchmal blieben die Züge auf offener Strecke stehen, die Menschen hatten Angst um ihr Leben. In der Ferne sahen wir Lastwagen fahren. Mein großer Bruder klärte mich auf: „Das sind Panzerspähwagen, die suchen Russen." Nicht nur diese Autos begleiteten unseren Weg ins Ungewisse, sondern auch Geräusche, die mir Angst und Schrecken einjagten: Kanonendonner, Gewehrsalven und das schrille Detonationsgeräusch der Granaten und Raketen. Bis heute verfolgt mich diese Furcht, wenn ich Explosionsgeräusche höre.

Die Flucht wurde zunehmend unerträglich. Es gab immer weniger zu essen. Meine Großmutter versetzte ihren Familienschmuck gegen Naturalien für uns Kinder. Meine Mutter rauchte, um ihren Hunger zu stillen. Am schlimmsten dran war unsere kleine Schwester. Hilke war ja noch ein Baby. Da die Milch bei meiner Mutter versiegt war, weichte sie für die Kleine Brot in Wasser ein und fütterte sie damit. Es war aber nicht ausreichend.

Hilke wurde immer schwächer und stiller. Trotzdem soll sie lächelnd im Kinderwagen gelegen sein.

Kamen wir in Dörfern an Futtertrögen vorbei, stürzten sich meine beiden großen Brüder auf die gefüllten Tröge und stopften sich mit beiden Händen Kartoffelschalen und gestampfte Kartoffeln in ihre hungrigen Mäuler.

Am Ende unserer langen Flucht kamen wir in einer fremden Stadt an. Es war Dresden. Mutter und Großmutter wussten nicht, was wir hier in der Fremde sollten. Es wurde ihnen klar, dass für uns hier kein Bleiben war. Lieber zu Hause in der vertrauten Umgebung, wenn auch mit dem Feind im Nacken, als hier in einem unbekannten Land.

So ging es den langen beschwerlichen Marsch mit allen Strapazen wieder zurück, was ihnen immer noch erträglicher war, als fremd zu sein.

Zu Hause aber erwartete uns nichts Erfreuliches. Unsere Wohnung gehörte uns nicht mehr. Das Mobiliar lag auf einem Haufen im Hof. Dank dem tschechischen Hausmeister, der ein Herz für uns hatte, bekamen wir in einem der Kellerräume eine Unterkunft zugewiesen. Mutter und Großmutter konnten aus dem Möbelhaufen im Hof noch brauchbare Gegenstände zusammentragen, so dass fürs Erste gesorgt war.

Doch es sollte uns ein noch größerer Verlust heimsuchen. Unsere kleine Schwester hat die Strapazen der Flucht nicht überstanden. Hilke war so entkräftet, dass sie im April 1945 starb. Zurück blieben ihre kleine rote, quietschende Katze mit grünen Augen und ihr Porzellanpüppchen im Steckkissen. Beide Spielsachen begleiteten mich noch einige Jahre. Selbst dann war ich noch so fasziniert davon, dass ich still und heimlich mit ihnen spielte oder sie einfach nur in den Händen hielt. Eines Tages fiel mir das Püppchen auf den Boden und zerbrach. Das Hemdchen und das Steckkissen habe ich aufgehoben, um wenigstens noch etwas von meiner Schwester zu haben.

Als der Krieg verloren war und Deutschland kapitulierte, fingen auch für uns Deutsche sehr schwierige Zeiten an. Die Deutschen mussten an ihrer Kleidung mit dem Hakenkreuz gekennzeichnet sein. Meine Großmutter zeichnete es nicht richtig und wurde von einem tschechischen Halbwüchsigen angespuckt und gemaßregelt, dass sie trotz der langen Jahre der Nazi-

Herrschaft das Hakenkreuz immer noch nicht zeichnen könne. Nach Einbruch der Dunkelheit war es strengstens untersagt, das Haus zu verlassen. Außerdem durften die Deutschen nicht auf dem Bürgersteig gehen. Meine Großmutter vergaß dies einmal, als sie vom Milchholen zurückkam, woraufhin ein Passant sie verhöhnte und ihr in die Milch spuckte.

Meine Mutter wurde zur Arbeit im Lager Hodolein bei Olmütz zwangsverpflichtet. Bereits in den frühen Morgenstunden ging sie los, da es Deutschen auch verboten war, die Straßenbahn zu benutzen. In den späten Abendstunden erst kam sie nach Hause. Während dieser Zeit versorgte uns unsere Großmutter und kümmerte sich um den Haushalt. Wir müssen Gönner gehabt haben, denn oft wurden unserer Großmutter Nahrung und Lebensmittel zugesteckt.

Dann kam die Vertreibung der Deutschen. Unsere Mutter musste uns zur Ausreise anmelden. Wertsachen durfte man nicht mitnehmen, sondern nur das Nötigste zum Überleben. Von einem Sammelpunkt aus wurden wir auf Lastwagen in Richtung Westen gebracht. Noch heute sehe ich vor meinem inneren Auge die schwingenden Äste der Bäume, als wir Olmütz in den hochbeladenen Transportwagen verließen.

An der Grenze wurden wir, obwohl unsere Mutter sich massiv dagegen wehrte, alle in ein gekacheltes Gebäude getrieben. Der Raum war meergrün gefliest, mit feinen Düsen an der Decke. Wir wurden mit Desinfektionsmitteln besprüht und entlaust. Wenn ich über die Weigerung meiner Mutter nachdenke, stelle ich mir vor, dass sie befürchtete, vergast zu werden wie unsere jüdischen Mitbürger, darunter auch mehrere ihrer Freundinnen. Hatte sie doch viel mehr geahnt oder gewusst, als sie uns Kindern sagte?
An den weiteren Verlauf unserer Vertreibung kann ich mich nicht mehr erinnern. Ich weiß nur, dass wir nach Tagen im Dorf Pörnbach in Oberbayern ankamen.
Dieser Ort sollte für einige Jahre unsere neue Heimat werden.

Christine Johne
INTERZONENZUG

Der Interzonenzug war die einzige Bahnverbindung zwischen der sowjetisch besetzten Ostzone und den von Amerika, England und Frankreich besetzen Westzonen.

Ich komme aus Sebnitz in Sachsen, einer kleinen Industriestadt unmittelbar an der deutsch-tschechischen Grenze. Es war 1946. Meine Mutter hatte zum Abendessen gerufen. Sie stand wartend an der Küchentür und zeigte mit dem Finger am Mund, dass wir still sein sollen. Wir waren vier Geschwister zwischen drei und zehn Jahren.
„Psst", sagte sie, und deutete mit den Augen auf die Chaiselongue „Vati ist heimgekommen".
Auf der Seite schlafend, lag da eine dünne Gestalt mit verbundenem Kopf. Er war verwundet, hatte einen Kopfschuss, eine große Verletzung der Stirn über dem Auge, die Kugel steckte noch drin. Er hatte ein Auge verloren. Doch – das hatte ihm die Entlassung aus der russischen Kriegsgefangenschaft beschert.
Er fand wieder eine Anstellung, als Betriebsleiter. Als sein Arbeitgeber 1947 enteignet wurde und daraufhin in den Westen floh, wurde mein Vater entlassen und nirgends mehr eingestellt. Deshalb ist auch er 1948 in den Westen geflohen. In Bad Mergentheim, in der amerikanischen Zone Württemberg, fand er Arbeit – und 1950 auch eine Wohnung für die Familie. Wir sollten nachkommen.
Dazu brauchten wir die Ausreise-Genehmigung von der Kreisbehörde. Meine Mutter fuhr immer wieder nach Pirna, und immer wieder wurde

der Antrag abgelehnt. Als Frau eines Dissidenten, eines Republik-Flüchtlings, ließ man sie die ganze Bandbreite repressiver Macht spüren, körperlich und seelisch.

Sie kam jedes Mal völlig erschöpft nach Hause.

„Es war furchtbar", hörte ich sie einmal leise zur Nachbarin sagen, als sie über Nacht nicht zurückgekommen war. Wir Kinder sollten das nicht wissen. Das SED-Regime war nicht zimperlich mit Leuten, die in den Westen wollten.

Und dann – endlich – war unsere Übersiedlung genehmigt und für den 15. Dezember 1950 von der Behörde festgelegt. Doch genau für diesen Termin hatte die Regierung eine Umzugssperre angeordnet. Bei Nichteinhaltung des Termins würde die Ausreise-Genehmigung verfallen. Wir reisten also trotzdem, „mit kleinem Gepäck", mit dem, was wir am Leib trugen. „Ins gelobte Land", hatte eine Nachbarin gesagt. Es klang ein bisschen skeptisch.

Der Interzonenzug fuhr ab Dresden.

Zerbombte Straßenzüge, Berge von Schutt, Trümmer, da tauchte – zwischen Schutthalden und kahlen Sträuchern – plötzlich der Kopf eines großen Tieres auf, ein lebendiges Kamel. „Hier war der Tierpark", erklärte meine Mutter.

In der Eisenbahn begannen wir sofort zu streiten, jeder wollte einen Fensterplatz – zum Glück gab es für jeden eine Ecke. Und für uns „Große" die Erlaubnis, zwischendurch auch einmal den Kopf in den Fahrtwind zu halten.

Es war eine lange Reise. Die Räder ratterten ungefedert über die Gleise. Tack – rooll – tack – rooll – tack – rooll.

Ich habe meistens in die vorüberziehende Landschaft geschaut, einfach so. Wenn der Zug durch einen Tunnel fuhr, wurde es finster im Abteil. Die Lokomotive kündigte jeden Tunnel mit einem langen Pfeifen an, mit Rauchschwaden und Funken. Dampf drang, mit Ruß vermischt, durch die Ritzen ins Abteil, biss im Hals, ein unangenehmer Geruch, Hustenreiz. Aufatmen, wenn der Zug wieder ins Tageslicht fuhr.

Das war die Zeit für uns „Große". Ich erinnere mich an das Gefühl, den Fahrwind im Gesicht zu spüren, der mir fast den Atem nahm, in den Kurven den feuchtsauren Dampf der Lokomotive zu riechen, Rußpartikel – wie Sand auf der Haut – prickelnd. Die Büsche und Bäume am Bahndamm verkohlt vom Funkenregen.

In Leipzig stieg ein Mann in unser Abteil. Er war sehr groß und trug eine helle Jacke, er war irgendwie besonders, hatte etwas Schillerndes.

In meiner Erinnerung sehe ich ihn als Sammy Davis jun. in ‚Porgy and Bess'. Er setzte sich zwischen uns Kinder und sprach mit uns.

Die nächste Station war Gera. Die Grenze. Der Zug wurde langsamer. Die Menschen im Wagen wurden schweigsam. Soldaten kamen ins Abteil, nahmen die Pässe mit. Es dauerte lange. Keiner sprach. Würden sie jemanden rausholen, verhaften?

Ich spürte die Angst um mich herum. Dann ging ein Ruck durch den Zug. Langsam fuhr er an.

Rückwärts. Entsetzen in den Gesichtern der Erwachsenen. Das Gesicht einer alten Frau mit schwarzem Kopftuch – weiß, wie versteinert.

Der Mann lächelte, beruhigte uns. „Der Zug wird umrangiert", sagte er, „weil sie im Westen andere Lokomotiven benutzen, bessere, solche, die keine Funken mehr machen". „Ich fahre öfter auf dieser Strecke", fuhr er fort, „ich kenne den Grenzbahnhof". Mein Herz klopfte, die Grenze war doch der „eiserne Vorhang". Wo keiner durchkam.

Und dann – fuhr der Zug weiter – nach Westen. Sie hatten keinen herausgeholt. Wir waren wirklich im Westen.

Erleichtert und erschöpft saßen die Menschen auf ihren Plätzen. Manche schliefen ein.

Mir war übel. Viel später begriff ich, dass dieses Gefühl Hunger gewesen war. Wir hatten unseren Reiseproviant schon lange vorher aufgegessen.

Das war am 15. Dezember 1950. Am Abend waren wir in Bad Mergentheim. Mein Vater holte uns ab.

ANGST

3

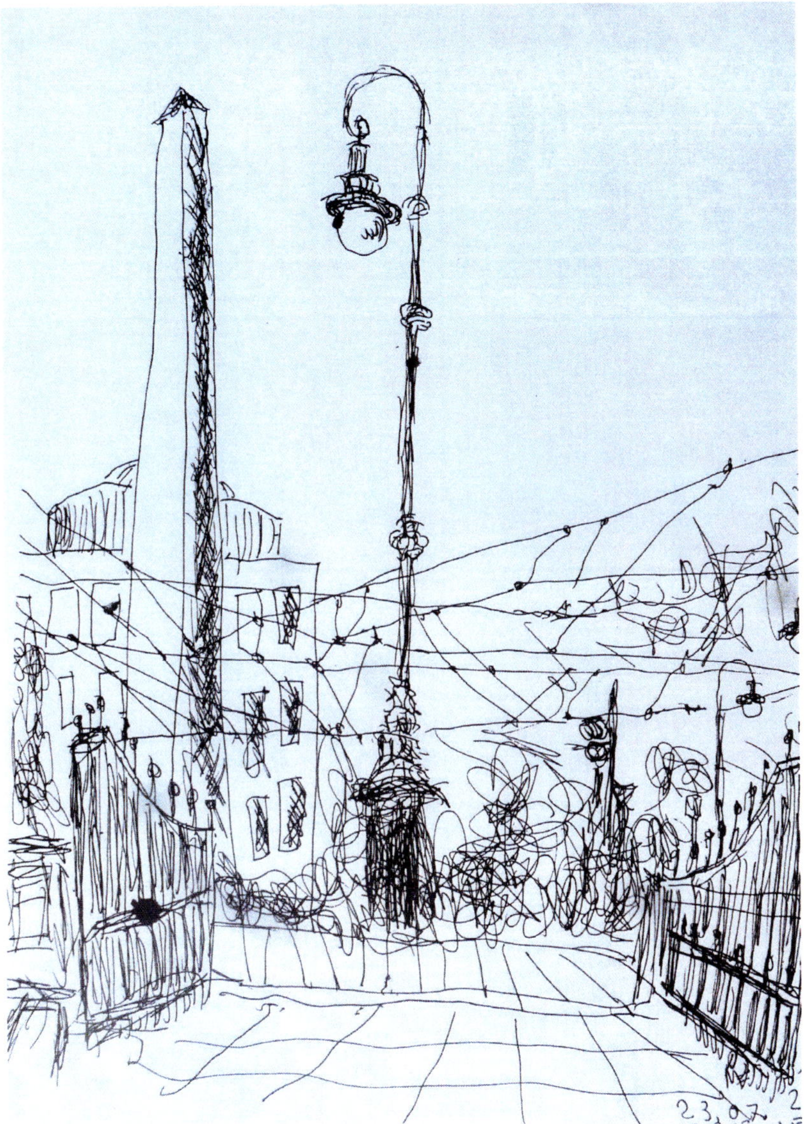
23.07.
2015

Hannelore Beekmann
BIS ZUM NÄCHSTEN ANGRIFF

Fliegeralarm heulen von sirenen bedrohlich auf und ab unerbittlich furchterweckend verursacht todesangst aufstehen schlaftrunken in die kleider fahren ab in den keller warten auf der harten hölzernen bank dröhnen der flugzeuge erst von fern dann immer näher massiver immer dunkler dann ein knallen ein krach ein bersten staub in der luft alles wackelt mama schmeißt sich über mich heulen der kinder im keller nebenan im keller der (nazi)bonzen denen gehts auch nicht besser im gegenteil ein paar meter entfernt von ihnen ist der boden aufgerissen eine mine hat die straße unpassierbar gemacht dann

Entwarnung im gleichmäßigen hohen ton langandauernd sollte eigentlich erleichtern doch der schreck sitzt zu tief oben alle fenster zu bruch gegangen das übliche ritual scherben aufklauben staubsauger funktioniert nicht strom ist weg also besen und schaufel am nächsten tag werde ich die rahmen zum polen um die ecke tragen er ist geduldig und schnell ein kriegsgefangener am
tag darauf werde ich die fenster abholen sie werden wieder eingesetzt
bis zum nächsten angriff (17 mal)
Prélude von Liszt, Sondermeldung

Triumphierend, auftrumpfend, glorios, gnadenlos, die bebende Stimme des Radiosprechers verkündet Sieg, Einkesseln von Truppen, Gefangene, Tote, je mehr Tote, desto größer der Jubel, der Endsieg ist sicher.

Fox Tönende Wochenschau

Auch diese Stimme ist hart, redet von Sieg, von Toten, Bilder von Gefangenen, stumpfe Gesichter, in gebückter Haltung hocken sie am Boden, gedemütigt, unsere Soldaten dagegen frisch und strahlend, die Stimme erzählt vom Afrika-Einsatz, wo die Soldaten auf glühenden Panzern Spiegeleier braten.

Ich habe die Stimme, den Sprecher, später kennen gelernt, ein netter Kerl, stimmbegabt, aber auch in der Lage, Menschen vollzudröhnen.

Im Gleichschritt marsch, marsch

Durch das Fenster im Wohnzimmer sehe ich sie vorbeiziehen, Buben, Kinder, einer wie der andere mit Käppi, offenem Hemd, kurzen Ärmeln, kurzen Hosen, beige, braun, schwarz, weiß, den Standardfarben der HJ. An der rechten Seite des Trupps der Anführer, ab und zu pfeift er, gibt knappe Befehle, die Buben schmettern Lieder, der Zug marschiert vorbei.

1   Rippenstoß

Ich stand am Tor unseres Hauses in der Roritzerstraße in Regensburg, ein Trupp zog vorbei, müde, schleichende Gefangene mit dicken Fellmützen, langen Mänteln, derben Schuhen, an ihrer Seite ein zackiger Soldat, der aufpasste. Aus ihrer Reihe sprang ein Verzweifelter, der Hunger trieb ihn wohl, er langte in die Mülltonne neben mir, zog so etwas wie eine faule Kartoffel heraus und steckte sie in den Mund. Der Soldat sprang ihm nach, versetzte ihm mit dem Gewehrkolben einen scharfen Hieb in die Seite und trieb ihn zurück in den müden Haufen. Der Gefangene wankte weiter.
Des Knaben Wunderhorn

Im Schatten der Niedermünsterkirche trafen wir uns einmal in der Woche, hoch oben im Dachgeschoss des kleinen, verwinkelten Hauses, ganz offiziell; Chorgesang, anstatt zackig zu marschieren, im Gleichschritt marsch,

marsch, wir sangen deutsche Volkslieder, einst von Clemens von Brentano gesammelt, ich sang die 3. Stimme, darunter waren auch schmissige Lieder aus der Nazi-Zeit; es fällt mir heute oft schwer, das eine vom anderen zu unterscheiden.

Anneliese Kreutz
DER KÜRZERE WEG

Es war noch fast dunkel.
Ein zehnjähriges Mädchen auf dem Weg zur Schule.
Nicht der übliche Weg, ein verbotener vielmehr,
der über Bahngleise führte
und durch einen flachen Bach.
Verboten, doch kürzer.
Die Brücke gibt es nicht mehr.

Der Schuh bleibt im Bachbett hängen,
hängt da in Weichem.
Das Mädchen bückt sich,
fasst in klebriges Nass, schaut genau im Morgendunkel:
Das ist Blut,
da liegt einer –
Soldat - - -
blutig das Schussloch im Feldgrau,
Blut sickert dunkelrot,
rinnt ins Bachbett,
hellrot, vermischt sich mit Wasser,
immer heller.
Das Kind stürzt weg,
panische Angst: ob der tot ist?

Ein zittriger Schulvormittag,
das Mädchen bleibt Antworten schuldig.
Weiß nur, dieser Weg war verboten.
Verboten das Sehen,
verboten das Finden des Toten.
Also Schweigen.

Der Heimweg, als zögen Gummibänder
über die Schienen, zum Bachbett.
Die Brücke gibt es nicht mehr.
Da liegt er, jung,
offene blaue Augen starren zum Himmel.
Liegt flach auf dem Rücken.
Auf die Kiesel fiel aus gespreizten Fingern
die Pistole.
Das Blut dunkel geronnen
unter dem schwarzen Einschussloch
im Soldatenmantel.
Es sickert nicht mehr.
Der Bach bleibt klar.
Seltsam verdreht die Stiefel im Wasser.
Das Kind sieht sich um.
Niemand hat mich gesehen.
Nur der Tote.
Nach Hause, nach Hause
zum starken Vater,
ihm alles sagen –

Da klingt das Verbot auf,
die tödliche Drohung als du neulich gefragt
nach nächtlichen Schatten im Haus,
nach Stimmen um Mitternacht:
„Vater, wer war das? Die Männer heut Nacht?"
„Niemand.

Niemand war da.
Wenn du anderes sagst,
werden sie mich erschießen.
Du darfst nie etwas sehen,
hast nie gesehen!"

Die Brücke gibt es nicht mehr.
Das Mädchen nimmt den toten Soldaten
hinein in sein Schweigen, in seine Angst.
In das schlechte Gewissen
vom verbotenen Weg,
vom verbotenen Sehen.
Von dort aus blickt er es an,
mit blauen Augen, starr,
das Blut sickert weiter.

Gabriele Pischel
„SAG BLOSS NICHTS FALSCHES!"

Im Münchner Stadtteil Harlaching wurde ich geboren als erstes Kind von Herbert und Emma P. Mein Vater Herbert (Jg. 1894) hatte bald nach dem Abitur in den Ersten Weltkrieg ziehen müssen und war mit einem Beinschuss heimgekehrt. In den schweren Jahren der Weimarer Republik war für ihn an das gewünschte Studium nicht mehr zu denken und er wurde Verwaltungsbeamter bei der Stadt München.

Meine Mutter Emma (Jg. 1900) war eine Volksschullehrerin aus München-Schwabing. Mit der Heirat hatte sie allerdings diesen Beruf aufgeben müssen, aufgrund einer staatlichen Vorschrift für Lehrerinnen im öffentlichen Dienst. Verheiratete Frauen galten als versorgt und sollten den Männern keine Anstellung wegnehmen. Die Eltern führten eine zufriedene, man kann sagen eine glückliche Ehe. 1933, als ich fünf Jahre alt war, kam mein Bruder Herbert, genannt Herbertl, zur Welt.

Ein Ereignis in den Harlachinger Kinderjahren hat sich als tragisch und folgenreich erwiesen. Mit zweieinhalb Jahren hatte Herbertl einen Leistenbruch, der in einer Privatklinik operiert wurde. Zunächst verlief alles gut. An einem Vormittag besuchte ihn Fanny, unser Dienstmädchen, außerhalb der Besuchszeit. Da saß das kranke Kind bei geöffnetem Fenster im Hemdchen auf dem Topf, auch die Zimmertür stand offen, wohl damit die Krankenschwestern im Vorbeigehen leichter nach ihm sehen konnten. Herbertl bekam eine schwere Lungenentzündung und nachfolgend eine Rippenfell- und Nierenentzündung, von der er sich nicht mehr erholen sollte. 1937 musste eine Niere entfernt werden.

Im selben Jahr wurde mein Vater von einem ihm unterstellten Kollegen denunziert, den er zuvor beanstandet hatte (wegen einer Feier während der Dienstzeit). Der Kollege war aber zugleich Partei-Vertrauensmann und zeigte meinen Vater als „politisch unzuverlässig" an. Der Anlass war, dass mein Vater einen jüdischen Feldzugskameraden, der auswandern wollte, am Bahnhof verabschiedet hatte. Mein Vater wurde verwarnt, so etwas nicht mehr zu tun. Es war eine Zeit der Denunzianten.

Kurz vor meinem zwölften Geburtstag zogen wir 1940 in eine geräumige Altbauwohnung im Stadtteil Lehel. Die Wohnung gehörte der Stadtverwaltung. Mein Vater wurde wegen seiner Beinverletzung nicht mehr eingezogen. Als Amtmann empfing er während der Sprechzeiten in einem Bürozimmer die Bürger. Die städtischen Amtsräume waren damals dezentral über die Stadtbezirke verteilt und die Münchner hatten kurze Wege, um Ausweise, Beglaubigungen oder Lebensmittelkarten zu erhalten.

Mit dem neuen Schuljahr besuchte ich das städtische St. Anna Gymnasium für Mädchen, das neusprachlich ausgerichtet war. Ich hatte nun den denkbar kürzesten Schulweg und brauchte nur schräg über die Liebigstraße zu gehen.

Mein Vater radelte nun oft lange durch die Stadt, um etwas Obst zu bekommen. Besonders für den kranken Herbertl wurden Vitamine gebraucht. Diesem ging es immer wieder schlecht, er konnte oft wochenlang nicht zur Schule gehen. Den Unterrichtsstoff lernte er im Bett, las auch sonst sehr viel und führte ein Tagebuch.

Wegen seiner Krankheit erhielt Herbertl bei einem Pater aus dem Franziskanerkloster St. Anna privaten Religionsunterricht und wurde von einem anderen Pater zur Kommunion vorbereitet. Herbertl und die Eltern waren davon sehr angetan und so wuchs eine Vertrauensbeziehung zwischen unserer Familie und den Ordensleuten. Bald wurde Herbertl Ministrant.

1941 wurden in den Schulen die Kreuze abgehängt und der Religionsunterricht wurde verboten. Da begannen die Franziskaner für interessierte Schüler freiwillige sogenannte „Glaubensstunden" anzubieten. Wöchentlich am Samstagnachmittag trafen wir uns in einem Raum über der Sakristei der Pfarrkirche St. Anna. Wir saßen in einer Runde von etwa acht bis zehn Jugendlichen um ein Tischchen, meine Freundinnen Hildegard, Edeltraud, Liesl und zeitweise auch Mariele waren dabei. Herbertl war in einer anderen Gruppe. Diese kleinen, geheimen Versammlungen wurden für mich jetzt ganz besonders wichtig.

Zunächst hielt Pater Timotheus die Glaubensstunden, danach gefiel es uns noch besser beim Pater Stanislaus. Am eindrucksvollsten war es dann auf längere Zeit beim Kaplan Pater Aemilian, der wegen einer Handverletzung vorzeitig aus dem Krieg heimgekehrt war.

Die Glaubensstunden waren ganz anders, viel persönlicher und ansprechender als der Religionsunterricht in der Schule, auch weil die Patres sich an keinen Lehrplan halten mussten. Sie konnten über den Glauben reden, wie es gerade zu den aktuellen Geschehnissen, zu Fragen des Lebens und unserer Situation als Jugendliche passte. Sie erzählten Beispielgeschichten aus dem Leben und es gab freie Gespräche über religiöse Fragen und Glaubenswege. Dazu wurde viel gesungen aus einem Liederbuch für die Jugend, „Das Kirchenlied", aus Altenberg im Rheinland. Nie habe ich die Begeisterung vergessen, die in mir entzündet wurde beim Singen dieser Lieder, beim gemeinsamen Beten und den Gesprächen über das Leben. Prägend und verbindend war das Gefühl, in einem stillen, inneren Widerstand zu sein zu dem allgegenwärtig Bösen des Nationalsozialismus. Es war eine Gegenwelt. Christsein war geheimnisvoll, aufregend und herausfordernd.

In meiner freien Zeit arbeitete ich oft im Schrebergarten bei der Königinstraße am Englischen Garten. Ich machte es zwar nicht gerade aus Freude an der Gartenarbeit, aber die Lebensmittel-Rationen wurden immer knapper (noch ahnten wir nicht, dass die eigene Ernte, etwa von Bohnen und Tomaten, besonders nach dem Krieg bis 1949 und 1950 ganz wichtig sein würde). Trotz unseres Selbstversorger-Gartens mussten wir immer wieder hungern. Manche Bürger, die zu meinem Vater in die Dienststelle kamen, meinten auch, dass sie mit Naturalien Entscheidungen zu ihren Gunsten erwirken könnten, aber er war sehr gewissenhaft und ließ sich auf nichts ein. Einmal erzählte die Gemüsehändlerin unserer Mutter, sie habe dem Herbertl eine Orange schenken wollen, aber er habe gesagt: „Nein danke,

mein Vater ist städtischer Beamter, ich darf nichts annehmen." Es lauerten eben in vielen Bereichen Gefahren, die wir schwer abschätzen konnten. Strengstens verboten war es uns, in der Schule etwas vom Abhören des englischen Radiosenders zu sagen oder von parteikritischen Äußerungen zuhause. Wie oft haben die Eltern eindringlich gewarnt: „Sagt´s bloß nie was Falsches in der Schule oder irgendwo, sonst kann´s sein, dass der Vati abg'holt wird!".
Einmal musste ein jüdisches Mädchen aus meiner Klasse während des Unterrichts plötzlich seine Sachen zusammenpacken und den Abholern folgen. Unsere Lehrerin verabschiedete sich freundlich und gefasst, aber danach hatte sie Tränen in den Augen – und hat nichts mehr dazu gesagt. Ich konnte nur mit den Eltern besprechen, was hier geschehen war. Sie wussten damals noch nicht die ganze Wahrheit über das Schicksal der jüdischen Mitbürger, aber es war ja eindeutig, dass hier ein großes Unrecht geschah. Es gab immer wieder Vorfälle, über die ich gern mehr erfahren hätte, doch es herrschte eine tiefe Angst und das Gefühl der Ohnmacht.
In der Verwandtschaft war man natürlich eher vertrauensvoll, aber auch da gab es ganz unterschiedliche Ansichten. Einmal ist mein Vater schweigsam und bedrückt heimgekommen. Er ist gleich ins Schlafzimmer gegangen, hat sich aufs Bett gesetzt und ich habe den Eindruck gehabt, er weint. Die Mutti ist ihm nachgegangen und hat gefragt, was los ist. Er hatte sich sehr über seinen Vetter Hansl geärgert. Und wir erfuhren, dass dieser bei einem Spaziergang vorbei an der Ludwigskirche abschätzig gesagt hatte: „Ach, geh ma doch mit dei'm Jesus! Das Reich ist jetzt gefragt, das ist etwas Großes – das Reich ist ewig. Wirst sehen, in zehn Jahr' red't kein Mensch mehr von dei'm Jesus!"

Meine Eltern waren beide der Kirche sehr verbunden, mein Vater u. a. durch seinen sehr geschätzten Vorfahren, Onkel Augustin P., bis 1918 Erzpriester von St. Jakob in Neisse. Beide Eltern verehrten auch den Jesuitenpater Rupert Mayer SJ, den Präses der Marianischen Männerkongregation am Bürgersaal. Mein Vater war dort Mitglied und Herbertl in der entsprechenden Marianischen Schülerkongregation. So haben wir immer wieder etwas über Pater Mayer erfahren. Dass die Gestapo ihn vorgeladen und unter Druck gesetzt hat. Dass Pater Mayer ausgesagt und im Protokoll unterschrieben hat, er werde auch weiterhin immer so predigen, wie er denke. Dreimal haben sie ihn verhaftet und ihn schließlich im Kloster Ettal interniert. Das waren Gesprächsthemen, die unsere Eltern aufregten, und ich verfolgte es mit.

Und wieder wurde mein Vater zum Vorgesetzten zitiert und zurechtgewiesen. Ein mit unserer Familie befreundeter jüdischer Kollege, Herr Bodenheimer, war inhaftiert worden. Daraufhin hatte mein Vater für ihn eine Bürgschaft abgelegt. Er bestätigte dessen tadellose Amtsführung und Unbescholtenheit und glaubte, damit die ungerechtfertigten Anschuldigungen von ihm abwenden zu können. Der Vorgesetzte erklärte, es sei für einen Beamten ganz unmöglich, sich für einen Juden einzusetzen, das Entlassungsverfahren gegen meinen Vater werde deshalb eingeleitet. Man könne die Angelegenheit nur dann nochmal zu den Akten legen, wenn er ein Zeichen des guten Willens gebe und der Partei beitrete. Ich erinnere mich noch gut an die langen Gespräche und Überlegungen zwischen meinen Eltern. Es waren hitzige Debatten und ein schwerer Entschluss. Auch meine Mutter war erbost über diese Methoden. Aber sie riet letztlich zu und sagte:
„Da hilft jetzt alles nichts, wenn du ein Priester wärst oder sonst alleinstehend, dann könntest du ganz deinem Gewissen folgen. Aber bei uns lebt doch die ganze Familie von dem Gehalt und wir haben den schwerkranken Buben. Wir haben keine Mittel zum Auswandern. Und du bist auch kein Handwerker, der woanders eine Arbeit finden kann, als Beamter bist du auf die Partei angewiesen. Bitte, unterschreib halt jetzt, dann zahlen wir die 3,50 Mark im Monat und sonst brauchst ja nichts für die tun, gar nichts, nur Mitglied sein."
So hat mein Vater schließlich unterschrieben, obwohl er dagegen war.
Ein weiteres Mal wurde er denunziert, als er der jüdischen Frau unseres Zahnarztes behilflich war. Er war hinzugekommen, als die zierliche Frau Beutelrock einen reparierten Fensterflügel vom Glaser nachhause schleppte, und er trug das schwere Teil zu ihrer Wohnung. Kurz darauf wurde er vom Vorgesetzten oder Vertrauensmann vorgeladen und sollte sich recht-

fertigen. „Warum haben Sie einer Jüdin geholfen?!" lautete die Anschuldigung. „Ich hab´ ihr nicht als einer Jüdin geholfen, sondern als einer Dame. Das ist für mich selbstverständlich, das hab´ ich in meiner Kinderstube so gelernt, dass man einer Dame behilflich ist". Aber diesmal war dem Vorgesetzten nicht viel dagegen eingefallen, vielleicht weil er selbst keine schlechte Kinderstube offenbaren wollte.

(Nach dem Krieg wurde mein Vater wegen Parteimitgliedschaft aus dem Dienst entlassen. Frau Beutelrock bemühte sich um seine Entlastung, aber vergeblich. Nach zwei Jahren als Holzarbeiter im Ebersberger Forst durfte mein Vater in seinen Dienst zurückkehren, wenn auch nur noch als Angestellter.)

Am 8. Dezember 1944 gegen 22.00 Uhr gab es Fliegeralarm und wir mussten in den Luftschutzkeller im Nachbarhaus. Die Detonationen waren sehr stark und ich dachte: Ja, vielleicht ist das jetzt mein Ende und das Ende von allen hier im Keller. Zwei Stunden nach dem ersten Angriff gab es gegen Mitternacht einen weiteren und später noch einen dritten Angriff. Es zeigte sich, dass es der schwerste Bombenangriff auf München war seit Kriegsbeginn. In der Liebigstraße waren danach alle Häuser schwer beschädigt oder zerstört, allein das Haus, in dessen erstem Stockwerk unsere Wohnung lag, und das Nachbarhaus waren nur wenig beschädigt. Im Januar 1945 erfolgten nachts zwei schwere Angriffe. Nach dem ersten ist mein Vater als Luftschutzwart mit mir in den Speicher geeilt, wir löschten eingefallene Stabbrandbomben. Bald rief Herbertl aus dem Treppenhaus: „Schnell in den Keller, neue Verbände im Anflug gemeldet!". Nach dem zweiten Angriff war der Speicher in Brand geraten. Mit Gasmasken vor dem Gesicht standen wir im dichten Rauch und gingen mit Wassereimern gegen die Brandherde vor, manche konnte man austreten. Später kamen uns die Nachbarn zu Hilfe, um die letzten Flammen zu löschen.

Bereits im Sommer zuvor hatten wir erfahren, dass der in der Nachbarpfarrei St. Georg in Bogenhausen für die Jugend tätige Jesuitenpater Alfred Delp SJ inhaftiert worden war. Als das Urteil gesprochen war, verbrachten wir Pfarrjugendliche von St. Anna Anfang Februar 1945 eine ganze

Nacht betend am Altar, ehe Pater Delp am 2. Februar hingerichtet wurde. Am Karfreitag besuchten wir gemeinsam die St. Georgskirche. Der ganze Kirchenraum war mit Blumen geschmückt. Aber wir haben geweint und gesagt: „Wie soll man sich denn da auf Ostern freuen, wenn sie ihn doch umgebracht haben?"

Schon vor Kriegsende hieß es, dass nach München die Amerikaner kommen. Mein Vater ging mit Herbertl los, um Ausschau zu halten, und am 30. April sahen sie die ersten amerikanischen Panzer beim Maxmonument. Meine Eltern waren besorgt, wie sich die Besatzer wohl verhalten würden. „Auf jeden Fall bleibt des Mädel im Zimmer", hieß es, „die soll sich am besten garnet blicken lassen". Ich habe mich dann amüsiert, wie es gekommen ist: Als die Amerikaner tatsächlich an der Wohnungstür läuteten, blieb ich, wie verabredet, in meinem Zimmer. Die Soldaten redeten auf meinen Vater ein – aber er verstand nichts. Er hatte in der Schule Französisch, Latein und Griechisch gelernt, aber kein Englisch, auch die Mutti konnte nur Französisch und Latein. Sofort riefen sie: „Gabriele, komm her, du musst übersetzen!". Die Soldaten waren aber freundlich und anständig, einige wurden kurzzeitig bei uns einquartiert, sie ließen uns die Betten und alle Habe. Da meine Mutter schon einige weiße Haarsträhnen hatte, nannten die Amerikaner sie „White Mama".
Es gab eine Sicherheit, dass die Amerikaner nun da waren, denn ich konnte es eine ganze Zeit lang kaum glauben, dass die Nazis überwunden sein sollten. Ich wurde in diesem Mai siebzehn Jahre alt und es war für einen jungen Menschen wie mich unfassbar, dass diese Macht plötzlich zu Ende sein sollte. Ich weiß noch, wie ich einmal in meinem Zimmer saß und zum Fenster schaute. Die Sonne schien und das Leben oder mein Inneres fühlte sich so weit und leicht an, ohne die gewohnte Bedrückung. War das jetzt das normale Leben? Aber das konnte ja gar nicht sein, die hatten sich bloß irgendwo versteckt und würden plötzlich wieder da sein ... Noch einige Zeit fürchtete ich, die Nazis könnten wieder die Herrschaft übernehmen. Ich hatte die Jahre vor dem Dritten Reich nicht so bewusst erlebt und kannte nichts anderes. Ganz allmählich wagte ich zu glauben, dass das nun so bleiben sollte.

Der schulische Religionsunterricht wurde bald wieder aufgenommen. Unsere „Glaubensstunden" gingen über in die Pfarrjugendarbeit und ich wurde Gruppenleiterin.

Knapp einen Monat nach Kriegsende konnte unsere ganze Familie mitgehen bei der ersten großen Münchner Fronleichnamsprozession nach dem Krieg. Tausende waren gekommen, auch viele Protestanten sollen mitgegangen sein (es hieß dann, etwa 25.000 Menschen waren in der Prozession, nochmal 10.000 säumten den Weg). Alles war besonders innig und feierlich. Mein Vater war sehr bewegt und sagte bei St. Ludwig:

„Ich denk´ so an das Gerede damals vom Hansl. Das ist doch jetzt vielleicht fünf Jahre her – und schaut´s, Jesus zieht wieder durch die Straßen!" Er sagte es nicht triumphierend. Es war auch kein Triumphzug, die Stadt lag in Asche und Schuttbergen. Aber wir, und wohl überhaupt die Münchner Christen, waren wie erlöst, es war ein Dankeszug. Voll neuer Hoffnung sind wir zwischen den grauen und braunen Trümmern und Ruinen in der Ludwigstraße durchgezogen. Weit vorne ist der Pater Rupert Mayer mitgegangen, am Stock, aber aufrecht, ganz aufrecht. Hunderte haben ihn gekannt und gewusst, dass er dem Bösen getrotzt hat. Es herrschte ein Gefühl der gemeinsamen Erlösung. Wir sehnten uns nach Frieden und Versöhnung.

Ingeborg Schluckebier
AM FRIEDHOF

Ohne Unterbrechung fahren wir und dann steht der Zug wieder. Nach einer Stunde Warten sagt meine Mutter: „Wer weiß, wann der weiterfährt" und nach einer Weile: „Komm, wir steigen aus."
Ein kleiner Ort, fünf Häuser, niemand ist zu sehen, wir gehen auf einem Feldweg aus dem Ort hinaus. Die Sonne steht hoch am Himmel. „Wo gehen wir hin?", frage ich. Meine Mutter bleibt stehen. „Ja, wo werden wir denn hingehen", sagt sie, „nach Hause natürlich", sie wischt sich mit dem Taschentuch über die Stirn und geht weiter.
„Neuhausen liegt im Westen", sage ich, „aber wir laufen nach Süden".
„Mein Gott, was du immer alles weißt", sagt sie ärgerlich, „nur das, was du wissen solltest ..."
„Wir haben es in der Schule durchgenommen", unterbreche ich sie. Das stimmt zwar nicht, mein Vater hat mir neulich die Himmelsrichtungen erklärt, aber wenn mein Wissen aus der Schule kommt, ist Mutter meistens friedlich. Heute ist sie grantig, ich glaube, sie hat gar nicht zugehört.
„Schlurf nicht so", sagt sie, „du machst damit noch deine einzigen Schuhe kaputt." Ich gebe es auf, obwohl es mich ärgert, und wir gehen weiter nach Süden. Aber als dann Leute auf dem Feld arbeiten, fragt sie doch. „Richtung München bitte, sind wir da ...?"
Eine Frau lehnt den Rechen an den Heuhaufen und kommt näher: „Naa", sagt sie gedehnt und schüttelt den Kopf, „do muasst nüba geh", sie deutet quer über die Felder, „do, zu de Heiser hie und nachad grodaus wieder."
„Danke", sagt meine Mutter und jetzt gehen wir über das Feld nach Westen, aber ich sage nichts. Die Sonne ist nicht mehr so grell, es ist dunstig.

Und dann tauchen auch noch Flugzeuge am Himmel auf, drei, vier, fünf Staffeln. „Die wollen uns nichts", sagt meine Mutter nach einem Blick zum Himmel, „die fliegen viel zu hoch".
Die Häuser, auf die wir zugehen, sind Ruinen, Schuttberge, Geröll, es gibt keine Straßen. Nur ein schmaler, kaum sichtbarer Trampelpfad, der hinaufführt fast bis zum ersten Stock. Von hier oben haben wir eine weite Sicht, nein, nicht auf die Stadt, auf hell und dunkel waberndes Gebräu. Kein Dunst, kein Nebel, keine Wolken, es ist Rauch, München brennt.

Vorsichtig den Trampelpfad wieder hinunter, an einem halbierten Haus vorbei, vor dem Möbel, Kisten, Federbetten und Koffer stehen. Auf einem Koffer sitzt ein junges Mädchen, es ist barfuß, wühlt mit den Zehen im Schutt und singt. Sie singt mit einer hellen, zarten Stimme „Lili Marleen". Das Lied, das Soldaten singen, ganz gleich, ob sie aus England, Amerika, Frankreich oder Deutschland kommen. Das Lied, das Goebbels verboten hat, von dem er sagte, es sei degeneriert. Aber der Sender Belgrad bringt es jedes Mal nach den Nachrichten. Und die verbotenen Sender Radio London senden es auch. Wer ausländische Sender hört, wird mit dem Tode bestraft, denke ich. Lale Andersen, „Vor der Kaserne, vor dem großen Tor, steht eine Laterne ...". Und dieses Mädchen sitzt da und singt: „Und sollte dir einst ein Leid geschehn, werd` ich bei der Laterne stehn, wie einst Lili Marleen ...". Irgendwie macht es mich traurig, dieses Lied. Da schlägt mal wieder die gefühlvolle Vaterverwandtschaft durch, würde meine Mutter sagen. Nein, bei aller Liebe, das ist ihr meist auf die Nerven gegangen. „Diese Rührseligkeit, igitt!" Mein Vater und seine Geschwister, Babe, Dini und Edi sind so. Nur von der Sophie sagen sie, die sei anders, irgendwie härter. Und von der Vatermutter erzählten sie, die habe manchmal Rotz und Wasser geheult, wenn da einer Geige gespielt hat. Zigeunermusik hörte sie besonders gern.
„Komm schon", drängt meine Mutter, „wir müssen weiter". Vor Häusern und Ruinen weichen wir aus auf Feldwege, da kommen wir schneller voran. Dann Sirenengeheul, Akutalarm, vor uns eine lange Mauer. Bomben fallen, wir spüren, wie der Boden unter der Detonation zittert, rennen die Mauer entlang, sie ist aufgerissen, wir klettern über Gesteinsbrocken, sind

auf einem Friedhof. Hetzen weiter, vorbei an zerstörten Grabsteinen, verstümmelten Toten, die von den Bomben aus ihren Gräbern gezerrt wurden. Kreuze brennen, neben einem steinernen Engel kauert ein Toter, ich sehe seine dunklen Bartstoppeln. Auf einem Holzkreuz steht: „Du bist nicht umsonst gefallen." Wir müssen einem Bombentrichter ausweichen, in dem alles durcheinander liegt.

Ich falle hin und sehe zerrissene Menschen, angesengte Balken, Knochen, eine Kloschüssel, verbrannte Kränze. Eine tote Frau, selbst verdreht, hat die Hände über dem Bauch gefaltet. Und Fliegen, Millionen von fetten, schillernden Schmeißfliegen.

Um uns zischen Splitter, Dreck, Steine, die Luft brodelt. Meine Mutter, die mich hochgezogen hat, reißt mich auf den Boden in eine Vertiefung, sie wirft sich über mich. Mein Herz schlägt wie verrückt, ich kann kaum noch atmen. Wenn der Luftdruck nachlässt, springen wir auf, stolpern weiter, um uns gleich darauf wieder hinzuwerfen. Ich liege in einer Grube, unter mir ein Körper und dieser ekelhafte Geruch, mein Magen krampft sich zusammen.

Wieder weiter, dann ein ovales Gebäude, feste Mauern, meine Mutter rüttelt an der Tür, sie gibt nach. Wir schlüpfen hinein, tasten uns einige Stufen hinunter. Hier sind wir wenigstens vor Splittern geschützt. Es ist kühl und dunkel, ich kann nichts sehen, nur weiter hinten fällt zwischen blauen Fensterscheiben etwas Licht herein. Allmählich gewöhnen sich meine Augen an die Düsternis.
Der Boden ist mit Staub und Mörtel bedeckt. In der Mitte des Raums ein breiter Sockel, auf dem eine Steinplatte liegt. Dagobert Ritter von French steht darauf, dazu ein Helm mit gekreuzten Schwertern. „Hier können wir abwarten, bis es wieder ruhiger wird", sagt meine Mutter, ihre Stimme klingt gepresst und ein wenig zittrig. So kauern wir uns in der Gruft auf dem Sockel nieder und warten auf das Ende des Fliegerangriffs.

Ich erinnere mich, wie ich früher an Allerheiligen mit meinem Vater auf den Friedhof gegangen bin. Und dann höre ich wieder seine Stimme: „Siehst du die Eichhörnchen da oben in der Buche?", jetzt flüstert er, „In den Eichhörnchen wohnen die Seelen deiner verstorbenen Großeltern". Die Eichhörnchen, die von den Bäumen herabturnten und auf Futter warteten, sobald jemand am Grab stand.

„Da, das braune mit dem grauen Fell am Bauch, das ist bestimmt dein Großvater. Der ist im Ersten Weltkrieg in Verdun in seinem Ballon verbrannt, zusammen mit seinem Schäferhund Arco", sagte mein Vater. „Und schau, Margo, das rotbraune mit dem dunklen Kopf, könnte die Großmutter sein. Die ist lange vor deiner Geburt gestorben und liegt hier im Grab." Und dann waren da noch die Mäuse, die unterm Grabstein hausten. Der Grabstein rechteckig, kein Marmor oder Granit, nur ein einfacher Stein und schwarze Schrift. „Da Papa", sage ich, „in der kleinen Maus, da wohnt die Schäferhundseele".
Jedes Jahr an Allerheiligen verwandelte sich der Friedhof in einen Garten aus Blumen und Kerzen. Es waren die Tage, die nie so richtig hell wurden. Und die Novemberdüsternis kam aus den Gräbern, war unendlich wie der Himmel über den kahlen Bäumen. Wir, mein Vater und ich, gingen meistens am späten Nachmittag zum Friedhof. Erst wenn Totenmesse, Aussegnung, Allerseelenfeier vorbei und alle anderen bereits auf dem Heimweg waren. Es roch nach Erde, Weihrauch, Blumen und Kompost. Kreuzte aber eine der Damen unseren Weg, roch es nach Kölnisch Wasser „4711". Es war eine von denen, die ganz in Schwarz mit Schleier bis zur Brust daherkamen, während unsere Gesichter nur noch als fahle Scheiben leuchteten. Und wenn dann die Bläser vor der Aussegnungshalle das „Ave Maria" anstimmten, durchströmte mich die Trauer wie ein schwarzer Fluss.
Papa stand mit gesenktem Kopf am Grab und drehte seine Mütze zwischen den Fingern. Laternen leuchteten und vor den Nebelfetzen tanzten Erlkönigs Töchter den Totenreigen.
„Mein Vater, mein Vater und siehst du nicht dort,
Erlkönigs Töchter an düsterem Ort".
Dem Vater grauset's, er reitet geschwind,
er hält in den Armen das zitternde Kind ..."

Ich schiebe meine Hand unter die Finger meines Vaters, ich spüre den Druck, ich spüre seine Wärme. Und dann zittern nur noch die Kerzenflammen im Wind.

Ein heftiger Schlag reißt mich aus meinen Träumen, der Boden wölbt sich, meine Mutter hält mich fest. Unter dem zerbrochenen blauen Fenster haben sich zwei Steinsärge verschoben. Dahinter werden Matratzen und Decken sichtbar. Auf dem Sarg steht eine Kerze, an der das Wachs heruntergelaufen ist und einen breiten Ring gebildet hat. Becher, Teller, eine Gabel, Brotkrümel, Streichhölzer und das zerknitterte Foto einer älteren Frau liegen auf dem Boden.
„Ob da jemand geschlafen hat?", überlegt meine Mutter und schaut hinter die Särge. Ratten huschen davon. Da liegen Kleider, Handtücher, Seife, Pantoffeln. Draußen rumpelt und pfeift es jetzt wieder stärker. Ein Wecker auf einer Kiste zeigt zehn Minuten vor zwei.
„Ich habe das Gefühl, hier lebt jemand". Meine Mutter deutet auf die Sachen. „Mir ist unheimlich", sage ich. Und sie: „Sobald es nachlässt, sind wir weg".
Die Tür knarzt, wird aufgestoßen, ein Mann kommt mit einem Eimer, aus dem Wasser schwappt. Er stellt ihn auf die Stufe und macht die Tür zu.
Jetzt steht er da mit nach vorne gerecktem Kopf und lauscht. „Ist da einer?", fragt er und räuspert sich. „Wir haben uns hier rein geflüchtet", sagt meine Mutter. Es ist ein älterer Mann, bärtig mit wirren Haaren, er kommt langsam die Stufen herunter. Am Arm hat er eine weiße Binde „LS" Luftschutz und deutlich erkennbar das Dienstsiegel. Er stellt den Eimer ab, blinzelt, „Hauser", sagt er dann, „nicht Kaspar, Korbinian Hauser". Meine Mutter nennt ihren Namen, deutet auf mich, „meine Tochter Margot", sagt sie. Er nimmt eine der Decken und legt sie auf den Sarg, „bitte", sagt er. Meine Mutter setzt sich zögernd.

Der Mann zeigt auf das Wasser. Stundenlang sei er durch die Gegend geirrt, bis er einen Hydranten gefunden habe, der noch Wasser gibt. In der ganzen Stadt gibt es kaum noch Wasser. Er schweigt und schaut stumpf vor sich hin. Ich kann meine Neugierde nicht länger unterdrücken. „Wohnen

Sie hier?", frage ich. „Hhm", macht er und sein Gesicht hellt sich auf. Er habe sich vorübergehend bei Ritter von French einquartiert und der hatte nichts dagegen. Dann deutet er auf die Särge, mit denen vertrage er sich auch gut. Wieder schweigt er, stützt die Ellbogen auf die Knie und starrt auf seine Hände.

„Sie sind ausgebombt?", fragt meine Mutter.

Zum Luftschutz haben sie ihn geholt. Tag für Tag musste er die Verschütteten ausgraben und die Toten, oder das, was von ihnen noch übrig war. Er hat aufgeschrieben, wo er Leichen gefunden hat, erst für die Registratur und noch einmal für einen Anhängezettel, hat jeden in einen Totensack gesteckt, den Anhänger dran und hier zum Friedhof geschafft.

Der Mann spricht langsam, abgehackt, mit Pausen. „Nein", antwortet er auf die Frage meiner Mutter, es gibt keine Einzelbegräbnisse mehr, nicht einmal eine Trauerfeier, nichts. Ein Angriff nach dem anderen und jedes Mal zwischen 200 und 500 Tote – und das bei der Hitze …

Die Behörden haben Angst vor Seuchen. Die Leichen werden ohne Feier und ohne Aussegnung meistens nachts in Massengräbern eingegraben. Ob wir den Geruch nicht bemerkt hätten. Diesen widerlichen Leichengestank, der über ganz München hängt. Herr Hauser sitzt da, bleich im Gesicht, die Ellbogen auf die Knie gestützt, die Hände, rot aufgerissen, hängen herunter, sein Kiefer malmt.

Vor zwei Wochen sei er dazugekommen, wie die Verschütteten aus seinem Wohnhaus ausgegraben wurden. Die meisten waren erstickt. Seine Frau – er steht auf und holt das Foto hinter dem Sarg hervor. Da habe er dann seine Frau auf den Armen zum Perlacher Friedhof getragen, ganz allein. Er pustet den Staub vom Foto und streicht mit dem Handrücken darüber.

„Ja, 's gibt so viele schlimme Schicksale, man kann den Wahnsinn ned begreifen", sagt meine Mutter nachdenklich. „Komm, Margot, es scheint jetzt ruhig, wir müssen weiter".

Elisabeth Seidenath
VERDUNKELUNG

Ein strahlend heißer Sommertag, Schulferien. Ich sollte für Mutter aus der Stadt etwas besorgen, aus der Adlerapotheke direkt am Domplatz. Es war gegen 12 Uhr mittags, als plötzlich die Sirenen heulten. Ich wollte schnellstmöglich mit meinem Fahrrad heimwärts. Da hielt mich der örtliche Luftschutzwart auf und befahl mich in den nächsten öffentlichen Luftschutzraum (es war das heutige Café „Heuport"). Nur widerstrebend ließ ich mich in den modrigen Keller des mittelalterlichen Gebäudes ziehen. Ich fühlte mich verlassen zwischen den fremden Menschen, als das Inferno hereinbrach.
Schon lange hatte man einen Angriff erwartet, trotzdem traf es die Messerschmitt-Flugzeugwerke im Westen von Regensburg völlig unvorbereitet. Noch im tiefen Keller hörte man die Detonationen, Welle auf Welle. Es war dunkel. Viele beteten, sonst herrschte eine atemlose Stille. Ich fühlte Todesangst, von dem großen, uralten Haus verschüttet zu werden und keinen Ausweg zu finden. Endlos erschien mir die Zeit, bis Entwarnung kam. Endlich! Verstört kroch ich ins Freie, wo dichte Rauchschwaden in Richtung Westen, Prüfening, zogen.
Die Prüfeninger Straße war mit Trümmern übersät. Alle Wege waren von Krankenwagen und in Panik flüchtenden Werksangehörigen blockiert. Ein Durchkommen war unmöglich. Wie sollte ich nach Hause kommen? Über die Bahngleise oder den weiten Weg über Dechbetten? Völlig erschöpft gelang es mir endlich heimzukommen. Gott sei Dank, das Haus war unversehrt. So schloss mich meine Mutter, glücklich, dass wir beide überlebt hatten, in die Arme.

Seit Beginn des Bombenkrieges wurde die strikte abendliche Verdunkelung angeordnet.

Nicht der kleinste Lichtschein durfte sichtbar sein zwischen den schwarzgrünen Papierrollen, die die Fenster verhüllten. Ein eigener Luftschutzwart kontrollierte die Einhaltung. Wir Kinder machten uns einen Spaß daraus, die Bewohner zu erschrecken, wenn wir eine vergessene Lichtquelle entdeckten. Die wenigen noch zugelassenen Automobile schlichen mit stark abgedunkelten Lampen durch die finsteren Straßen, keine Laterne durfte brennen. Den Zivilisten wurde für den Notfall, etwa den Gang zum Luftschutzbunker, eine schwarze, viereckige Blechtaschenlampe zugeteilt, mit einer Lederschlaufe zum Anknöpfen an den Mantel. Man ging damals abends nicht viel aus, höchstens zu einem Verwandten oder verschwiegenen Nachbarn, seine Sorgen und Kümmernisse auszutauschen oder gar englische Sender zu hören. Und man ging nicht zu weit weg, um bei Fliegeralarm gleich in den heimischen Keller flüchten zu können, mit dem immer griffbereiten, vollgepackten Rucksack.

Dann kam der 23. Februar 1944, ein bitterkalter, strahlender Wintertag, als gegen 11 Uhr vormittags die Sirenen Alarm gaben. Wir rannten so schnell wie möglich in den nicht gesicherten Schulkeller. Ich sehe mich noch heute mit den vielen Kindern aufgereiht auf den schmalen Holzbänken. Wir harrten stumm und besorgt, was da kommen würde. Die Schule, die Städtische Oberrealschule am Petersweg, befand sich in unmittelbarer Nähe des Bahngeländes, das durch Fliegerangriffe gefährdet war. Die Detonationen waren bald deutlich zu hören und der Luftdruck zu spüren. Große Angst bereiteten mir auch die dicken, über uns verlaufenden Heizungsrohre: Wären sie bei dem Bombenangriff geborsten, hätten wir verbrüht werden können. Dieses Trauma ist mir bis heute geblieben und verfolgt mich manchmal noch in meine Träume.

Der Angriff galt wieder den Messerschmitt-Flugzeugwerken, in denen die schnellen Jagdbomber, Jabos genannt, gebaut wurden. Unsere einsame Wohnsiedlung am Stadtrand inmitten der Felder, aber in unmittelbarer Nähe der Fabrikanlagen, hatte man sinnigerweise im Sommer – trotz unseres Protestes – mit dunkelgrüner Farbe „getarnt". Nun leuchteten die Häuser im weißen Schnee den Bombergeschwadern als Wegmarke. Das

Inferno brach herein, in drei Wellen wurde die Fabrik erneut angegriffen und diesmal zerstört. Es gab dort wieder viele Todesopfer.
Auch mehrere Häuser unserer kleinen Straße wurden dem Erdboden gleichgemacht. Die Bewohner – fast nur Frauen und kleine Kinder – überlebten wie durch ein Wunder in den dünnwandigen Kellern. Doch auch hier gab es ein Todesopfer zu betrauern, ein Kleinkind war im Trümmerstaub erstickt. Nach der Entwarnung, einem langgezogenen Sirenenton, wenn der Luftraum wieder frei war, hasteten wir Kinder von der weit entfernten Schule nach Hause. Wir mussten einen großen Umweg machen, denn alle Straßen waren gesperrt, die Bahngleise unseres Vorortzuges zerstört.

Mit Entsetzen sahen wir schon von Weitem das Unglück – drei meiner gleichaltrigen Schulfreundinnen, Ulli, Helga und Helma (wir waren damals zwölf Jahre alt) hatten alles verloren: Ihre Wohnung und alle Habe. Die Mauern unseres Hauses standen zwar noch, aber es war verwüstet und unbewohnbar geworden. Durch den Luftdruck waren Türen und Fenster herausgerissen, das Dach abgedeckt, die strenge Kälte – es waren um die 20 Minusgrade – ließ die Wasserleitungen schnell einfrieren. Zwei große Bombentrichter grenzten an die Hauswand. Meine Mutter hatte sich während des Angriffs zur Nachbarin geflüchtet, auch, um zu helfen, den alten, gelähmten Mann in den Keller zu schleppen.
Als die Ingolstädter Großmutter im Volksempfänger-Radio vom Bombardement hörte, setzte sie sich in den nächsten Zug, um nach uns zu sehen. Ausgemergelte, halb verhungerte russische Kriegsgefangene halfen uns, die Fenster zu vernageln und die Glasscherben zu beseitigen. Heimlich konnte meine Mutter ihnen etwas Brot zustecken. Ein Gespräch war unmöglich, denn beim Versuch traten sofort die Bewacher dazwischen. Viele Jahre noch haben mich diese Elendsbilder verstört und gequält.
Völlig ausgefroren und erschöpft fanden wir bei einer befreundeten Familie eine nächtliche Bleibe. Ob unser Haus jemals wieder ein gemütliches Heim werden würde?

Annemarie Peterlechner
KELLERFRAGEN

„Es wird Krieg geben" – so hörte die Achtjährige die Erwachsenen reden. Sie sahen sorgenvoll aus. Und in dieser Situation hätte das Kind am liebsten gefragt: „Was ist Krieg?" Aber zu dieser Zeit hatten die Erwachsenen keine guten Nerven mehr und antworteten auf Kinderfragen eher ungeduldig und unwirsch. Und so fühlte sich das Kind mit seiner Angst alleingelassen. Selbst die sonst so geduldige Mutter hatte keine Zeit. Sie hatte große Sorgen. Der Bruder war krank – und es gab keine Ärzte mehr in der Stadt. Sie waren mit vielen anderen Einwohnern vor dem Einmarsch der Deutschen geflohen.
Es war Ende August 1939 in einer kleinen Stadt in Polen; sie lag sechs Kilometer von der deutschen Grenze entfernt. In diesem Jahr war der Sommer besonders heiß. Die Luft flirrte, und die Kinder suchten zum Spielen den Schatten. Es waren doch noch Ferien – aber nun sollte es Krieg geben. So saß das kleine Mädchen mit den Eltern, den Schwestern und dem kranken Bruder im Keller. Es war kein „schöner" Keller wie man ihn heute als Luftschutzkeller allenthalben vorfindet. In diesem Keller gab es einen großen Kohlenberg und etwas davon entfernt Regale, auf denen Einweckgläser standen. Nun neu gefüllt mit dem Obst und Gemüse des Sommers.
Hier im Keller durfte das Kind Fragen stellen; denn die Erwachsenen hatten nichts zu tun als zu warten, abzuwarten und mit ihrer eigenen Angst fertigzuwerden. Hier nun erfuhr das Kind, dass der Krieg etwas mit Bomben zu tun hat, die die fremden Mächte auf die Stadt werfen. Hier erfuhr das Mädchen auch, warum es nicht wie viele andere Einwohner der Stadt geflohen war. Die Antwort der Mutter war: „Wir sind Deutsche und erwar-

ten den Einmarsch der deutschen Soldaten." Das Kind versuchte, ein wenig Ordnung in seine Gedanken zu bringen. Wenn „Krieg" bedeutete, dass deutsche Soldaten kämen und das Land dann nicht mehr Polen, sondern Deutschland wäre, dann bräuchte es keine Angst mehr vor polnischen Kindern zu haben, die es auf dem Weg zur Schule mit Steinen bewarfen, weil es in eine deutsche Schule ging.

Diese Gedanken wurden durch lautes Rufen unterbrochen, das man bis in den Keller hinunter hörte. Alle liefen nach oben. Vor dem Haus stand ein fremder Mann. Er hatte zwar keine Uniform an, aber dafür an einem Arm eine weiße Armbinde, und über der einen Schulter hing ein Gewehr. Er redete in polnischer Sprache auf die Eltern ein. Der Vater verstand nicht, was er sagte, da er nicht polnisch sprach. Dafür verstand ihn die Mutter umso besser. Die Mutter übersetzte, was der Fremde schroff und auch etwas ungeduldig von sich gab: „Der Vater ist auf der Stelle verhaftet und muss sofort mit ihm gehen." Die Mutter begann auf ihn einzureden. Im Nu erschienen polnische Nachbarsfrauen, die auch versuchten, mit ihm ins Gespräch zu kommen. Soweit das Kind verstand, wollten die Frauen den Mann davon abhalten, den Vater mitzunehmen.

Der Mann mit dem Gewehr blieb unerbittlich. Er forderte den Vater auf, sich ein paar wichtige Sachen zum Mitnehmen einzupacken. Doch als der Vater ins Haus gehen wollte, nahm der Fremde blitzschnell sein Gewehr in Anschlag, richtete es gegen den Vater und forderte stattdessen die Mutter auf, das Nötigste zu holen. Danach fragte sie den Mann, ob er rauche. Er bejahte es. Es waren aber keine Zigaretten im Haus, und da kam die Mutter plötzlich zu dem etwas abseits stehenden Mädchen, drückte ihm eine Münze in die Hand und sagte: „Geh, lauf ganz schnell und kaufe Zigaretten. Und wenn geschossen wird, dann wirf dich ganz flach auf den Boden." Das Kind lief sofort los. Die Straße war menschenleer, wie ausgestorben. Dafür gab es umso mehr streunende Hunde, die vor der Flucht zurückgelassen worden waren. Die Hunde waren entsetzlich durstig und sahen mit ihren heraushängenden Zungen furchterregend aus. Doch das Kind hatte, wie sonst auch, keine Angst vor den Hunden, es dachte nur an die Zigaretten. Atemlos kam es zum ersten Laden. Er war geschlossen. Ebenso der zweite, dritte und vierte Laden. Da stieg in dem Kind die Angst auf.

Als auch der nächste und übernächste Laden geschlossen war und alles Klopfen nichts half, hatte das Kind keine andere Wahl, als umzukehren und ohne Zigaretten heimzulaufen.

Nicht die Angst vor den vielen Hunden noch die Angst vor Bomben, nur die Angst um den Vater schnürte dem Kind die Kehle zu und es begann bitterlich zu weinen. Wie würden die Eltern reagieren? Wie würde sich der Mann mit dem Gewehr verhalten? Das Kind kam atemlos zum Elternhaus, vor dem Vater und Mutter, die weinenden Schwestern, die polnischen Nachbarinnen und der Mann mit dem Gewehr standen. Sie alle warteten offensichtlich auf die Zigaretten, die das Kind bringen würde. Es lief aufgelöst zur Mutter, zeigte ihr die Münze in der Hand und versuchte zu erklären, dass wirklich kein Geschäft geöffnet hatte. Die Mutter ging zu dem Fremden, redete ein paar Worte mit ihm und gab ihm die Münze. Und da geschah das völlig Unerwartete, das Unglaubliche: Der Mann drehte sich plötzlich auf dem Absatz um, ging an allen vorbei, den Gartenzaun entlang auf die Straße hinaus und verschwand.

Was war geschehen? Wir waren sprachlos und umarmten voller Glück den Vater. Er war gerettet. Im Keller erzählte das Kind dann von den vielen Hunden. Da ging die Mutter nach oben, holte in einem Eimer Wasser und goss es auf die Straße. Im Nu war ein großes Rudel Hunde versammelt. In ihrem großen Durst schleckten sie gierig das Wasser auf. Und die Mutter holte noch einen Eimer voll Wasser und noch einen. Inzwischen erlebte die Stadt Artilleriebeschuss und das Mädchen saß wieder im Keller. Als der Beschuss aufhörte, ging das Kind nach oben. Da standen vor dem Haus schon deutsche Soldaten. Sie wurden von den Hausbewohnern begrüßt, ja freudig begrüßt. Aber da wussten die Eltern des Kindes noch nicht, welche Bedeutung der Einmarsch der deutschen Wehrmacht für die Bewohner des Landes haben würde. Es wurde die große Enttäuschung, auch für die deutsche Minderheit.

VATER

4

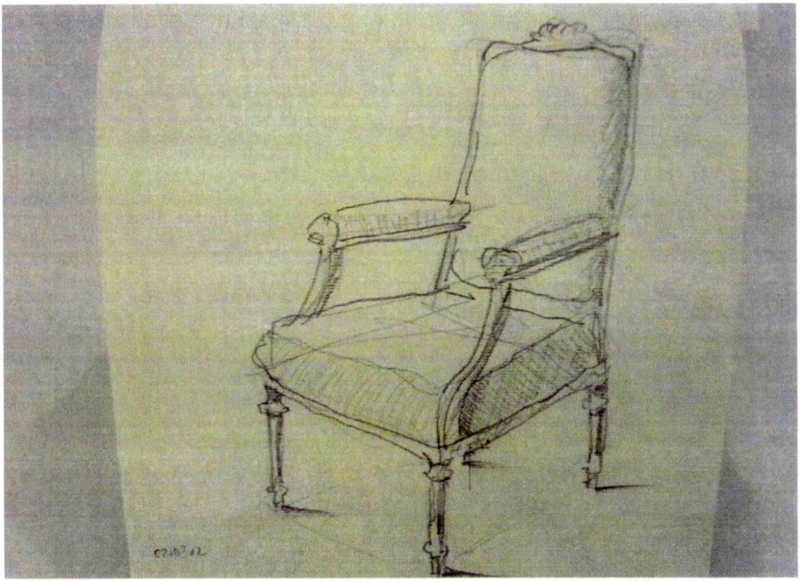

Katrina Behrend
VERSUCH ÜBER DEN VATER

Mein Vater hat mir nicht gefehlt. Für mich gab es ihn nicht. Ich wusste, dass er mich noch gesehen hatte, während seines Urlaubs, denn bei meiner Geburt 1940 kurz vor Weihnachten hatte er auf seinem Posten als Landrat in Polen verharren müssen. Es gibt auch ein Foto von dieser Begegnung. Er steht in seinem Uniformmantel mit der Mütze auf dem Kopf gebückt vor dem Kinderwagen, von mir sieht man nur eine runde Wange und ein winziges Näschen. Vielleicht hat er mich auch auf den Arm genommen und mir Küsschen auf den Hals gegeben, wo es kitzelt, aber ich habe keine Erinnerung daran. Ich kannte ihn nicht und er fehlte mir nicht. Es gab ja genügend Menschen um mich herum. Da waren meine Mutter und meine Großmutter, meine drei Brüder und meine Schwester, längere Zeit auch zwei Kusinen. Es gab zwei Onkel, die mich auf ihren Knien schaukelten, lustig waren und mit mir herumalberten. Es gab Tanten und eine weitere Großmutter, die Omama. Sie kamen zu Besuch, blieben eine Weile und gingen wieder. Für meinen Vater war da kein Platz, weshalb sollte er mir also fehlen?

Als mein Vater starb, war ich elf Monate alt. Ich reime mir diese Stunden und Tage zusammen, auch wenn ich keine reale Erinnerung daran habe. Ich stelle mir vor, wie meine Mutter den Brief mit der Nachricht von seinem Tod öffnet, starr vor Kummer wird und nicht mehr spürt, dass ich auf ihrem Arm sitze und sich ein neues Kind in ihrem Bauch regt, das mein Vater noch kurz vor seinem Abmarsch an die Front gezeugt hat. Sie ist da und doch nicht da, wickelt mich, legt mich an ihre Brust, aber sie nimmt mich nicht wahr und ich fühle, dass der Schmerz sie wegtragen und töten wird, wenn ich sie nicht aus ihrer Erstarrung hole, zurück zu meinen Geschwistern und mir. Das ist für ein kleines Kind fast nicht zu bewältigen. Was für eine Last wurde mir da aufgebürdet?

Er ist im Krieg gefallen, sagten die Erwachsenen und schauten mich mitleidig an. Armes Kind, fügten sie hinzu und ich war peinlich berührt, weil ich mich nicht arm fühlte und nicht wusste, warum ich das sollte. Krieg, ja, das war ein schlimmes Wort. Ich hockte schreiend unter dem Tisch, außer mir vor Angst, weil Feuer war am Himmel, ohrenbetäubender Lärm, Dröhnen, Heulen, Pfeifen, Krachen – dann: Du kannst wieder rauskommen. Es ist vorbei. Großmutter beruhigte mich. Mutter war traurig und besorgt. Irgendwann rief jemand: Da brennt München! Und gebannt starrten wir auf den rotglühenden Horizont. Ja, das war Krieg. Aber ich verstand nicht, was an „gefallen" so schlimm war. Aufs Knie zu fallen, das tat weh, es blutete, man heulte und wurde getröstet. Heile heile Segen, Pflaster drauf, morgen Regen, übermorgen Schnee, dann tut es nicht mehr weh. Aber ich war immer noch da. Also bedeutete „im Krieg gefallen" weg sein, nicht mehr wiederkommen. Ich begriff, dass es mir leidtun sollte. Dass man von mir wollte, dass es mir leidtat. Von da an übte ich mich im Leidtun.

Du siehst aus wie dein Vater, hörte ich meine Mutter sagen. Der hat auch immer solche Sorgenfalten gemacht. So aussehen wie mein Vater, war mir das recht? Ich stutzte und schwankte zwischen Stolz und Ablehnung. Ihm ähnlich zu sein bedeutete, dass sie mich gern anschaute, weil sich in meinen Zügen der geliebte Mann widerspiegelte. Andererseits machte es mich beklommen, ich fühlte mich dieser Ähnlichkeit ausgeliefert und wehrte mich dagegen. Vergeblich. Für mich existierte mein Vater ja nur mehr auf Fotos. Nicht dass sie silbergerahmt im Wohnzimmer gestanden hätten, den Raum beherrschend, wie ich es später so oft bei anderen Leuten gesehen habe. Meine Mutter bewahrte sie in einer Schachtel auf, klebte sie jedenfalls nicht in ein Fotoalbum, das passte nicht zu ihr. Viele waren es nicht, die meisten zeigen ihn in Uniform, nur einige weisen ihn als Vater aus, mit meinem ältesten Bruder, an der Hand, mit meiner Schwester, auf dem Schoß, mit meinem zweiten Bruder, als Baby im Kinderwagen, nur eines mit mir und keines mit dem Jüngsten, denn als der auf die Welt kam, war er längst tot. Wollte ich wie mein Vater aussehen? Immer mal wieder zog ich ein Foto, das ich von ihm besitze, zu Rate. Es steckt seit eh und je in einem abgewetzten grünen Lederrahmen und begleitet mich auf allen meinen Umzügen. Ich betrachtete es ausführlich, fuhr die Linien des Gesichtes nach, das sich mir im Profil zeigt. Mein Vater ist jung darauf, vielleicht achtzehn oder neunzehn, die Haare zeitgemäß kurz, ordentlich gescheitelt und gekämmt, die Nase gerade und dicklich, der Mund voll, steifer Kragen mit Binder. Auffallend die gerunzelte Stirn und der skeptisch-traurige Ausdruck, der seine noch weichen Züge prägt.

Was waren das für Sorgen, die ihm das Leben bereitete? Er behielt sie für sich. Falls meine Mutter sie kannte, hat sie uns nichts davon erzählt. Und in den Briefen an seinen Schwager aus dem Feld, die mir viele Jahre später in die Hände fielen, schlug er einen leichtfertigen Tonfall an. In einem bedankte er sich für eine Uhr:

„… ich kann kontrollieren, ob die russischen Bomber, die uns allnächtlich besuchen, ihren reichlichen Segen wenigstens pünktlich an den Mann bringen. Zuweilen treffen sie sogar was; vorgestern wackelte meine Bauernkate gewaltig u. der Kalk rieselte in meine Nase, da 50 m weiter eine Bombe ein Haus erschlagen hatte. Seitdem ziehe ich es doch vor, aufzustehen u. entweder meinen Keller aufzusuchen oder unsere Stahlvilla zu besteigen, allerdings eine schlafstörende Turnübung …"

Viele Soldaten haben in ihren Briefen so dahergeredet, ich weiß, da war die Zensur, die Bemühung, die Angehörigen nicht weiter zu beunruhigen, die Scheu, Gefühle zu zeigen.

In seiner „Stahlvilla" ist er im November 1941 verbrannt. Dieses schreckliche Detail verheimlichten die Erwachsenen uns Kindern erstaunlicherweise nicht. Es haftete der Geschichte meines Vaters an und blieb selten unerwähnt. Mein kleiner Bruder – der Nachgeborene – malte einen brennenden Panzer. Wir wussten, wie der aussah, die Amerikaner hatten sich in unserem Dorf einquartiert, und eines dieser Ungetüme stand auf der

Wiese vom Sterffbauern. Conny malte einen Soldaten im Panzer und drei darum herum. Sie liegen auf der Erde, gefallen, tot, das Blut spritzt aus ihnen heraus, aus dem Panzer schießen gelbrote Flammen, meinem Bruder gelang das Bild sehr gut. Fünf Jahre mag er gewesen sein, der kleine Kerl, aber wie ein solches Gemetzel aussah, wusste er. Wir betrachteten das Bild, machten pengpeng, waren laut und wild, der Vati mitten in diesem Gräuel erregte uns.

Solange wir klein waren oder besser gesagt, solange sich meine Mutter mit unserer Erziehung herumschlug, pflegte sie den Vater oft als Drohmittel zu benutzen. Wenn er noch lebte, dann würden wir nicht so frech, faul, unpünktlich, vorlaut, in einem Wort, so unausstehlich sein. Ob all diese verwerflichen Eigenschaften allein durch seine Gegenwart von uns abgefallen wären oder ob er das durch die üblichen Maßnahmen wie Verbote, Ohrfeigen, Prügel und sonstige Strafen erreicht hätte, mit denen sie selbst schon nicht geizte, ließ sie unausgesprochen. Wie gut, dass er nicht mehr lebt, dachte ich mir dann froh, und es fiel mir nicht im mindesten ein, wie alleingelassen und am Ende ihrer Kräfte sie sich häufig fühlen musste und dass sie den Vater nur in äußerster Hilflosigkeit heraufbeschwor. Gleichzeitig hatte ich auch ein schlechtes Gewissen, denn irgendwie schien unser vaterloser Zustand nicht der richtige zu sein. Zwar gab es rund um uns eine Menge Kinder, deren Väter im Krieg geblieben waren, aber es kamen auch einige wieder zurück und dann sah man den Unterschied.

Meine beste Freundin kam mir abhanden, als ihr Vater aus der Gefangenschaft heimkehrte. Plötzlich veränderte sich alles. Bis dahin hatten wir jede freie Minute miteinander verbracht, nun hatte Toni immer weniger Zeit für mich. Nach der Schule gingen wir zwar zusammen nach Hause, aber nachmittags trafen wir uns nur noch selten. Auf einmal tauchten Verwandte auf, Onkel, Tante, Kusine. Mit der steckte Toni jetzt zusammen wie einst mit mir. Für mich war da kein Platz mehr. Dass es mit dem Mann zusammenhing, welcher der Familie wieder mehr Bedeutung, mehr Ansehen verlieh, nicht nur kraft seiner Gegenwart, sondern auch durch seinen gesellschaftlichen Rang als bekannter Chirurg, durchschaute ich nicht. Ich verstand Tonis Treulosigkeit nicht und litt. Meiner Mutter ging es mit Tonis Mutter ebenso, aber das wurde mir erst klar, als wir ihr einmal auf der Dorfstraße in Begleitung eines großen, schweren Mannes begegneten. Sie hielt an und stellte beide einander vor. Der Mann schüttelte meiner Mutter die Hand, es entstand eine unbehagliche Pause, dann ging das Paar weiter. Wir starrten hinter den beiden her und sahen, wie Tonis Mutter sich an den Arm ihres Mannes hängte und zu ihm aufblickte. Über das Gesicht meiner Mutter legte sich ein Schatten, aber sie sagte nichts. Doch ich begriff. Etwas war entzweigegangen. In den Jahren nach dem Krieg hatte das Alleinsein die beiden Frauen geeint. Nun, da einer der Männer zurückgekommen war, gab es diese Einigkeit nicht mehr. Sehnte ich jetzt deswegen einen Vater herbei? Ich glaube nicht. Ich betrauerte den Verlust meiner Freundin, nicht die Nichtwiederkehr meines Vaters.

Das geschah erst einige Jahre später. Ich war vierzehn und fuhr täglich mit dem Zug nach Pasing zum Gymnasium. Manchmal ging ich vom Bahnhof statt nach Hause auf den Friedhof, denn ich las gerne Grabinschriften: Hier ruht in Frieden Anna Schlaubinger, Rentiersgattin. Ich spielte mit dem Wort, malte mir den Mann aus, der ein Rentier war. Diesmal jedoch beschäftigte mich etwas ganz anderes. Eine Frau im Zug hatte von einem Mann erzählt, der erst kürzlich aus der Gefangenschaft in Russland heimgekehrt war. So lange nach dem Krieg. Dass er aber gar nicht froh sei, wieder zu Hause zu sein, sondern immer nur herumnörgele und seiner Frau und seinen Kindern das Leben schwermache. Die Frau im Zug hatte sich über diesen Mann richtig in Zorn geredet, während wir anderen Fahrgäste nur stumm zuhörten. Irgendwann sagte jemand leise: Armer Teufel. Heimgekehrt und doch nicht zu Hause ... Jetzt saß ich, umgeben von schneebedeckten Gräbern, Steinen und Kreuzen, auf einem Mäuerchen und stellte mir den Russlandheimkehrer vor. Warum er so griesgrämig war und was ich alles anstellen würde, um ihn zum Lachen zu bringen. Plötzlich wünschte ich mir, dass das mein Vater wäre. Dass er noch lebte. Dass die sich geirrt hätten, als sie Mutti die Nachricht von seinem Tod schickten. Dass er zu Hause auf mich wartete. Lustvoll liebkoste ich diese Vorstellung, ich klebte regelrecht fest auf ihr, sie erfüllte mich mit Genugtuung, es gab ihn wieder, diesen Vater. Endlich hatte ich das richtige Gefühl, empfand so wie die anderen, wollte, was ihnen offensichtlich ganz natürlich war zu wollen. Für kurze Zeit hatte ich mich angepasst, schwamm mit im Strom derer, für die eine Familie nur mit Mann intakt war. Zuhause wurde ich ausgeschimpft, weil ich herumgetrödelt hatte, mein Traum zerplatzte an der schnöden Wirklichkeit.

Dafür trat die Vorstellung von meinem Vater, dem Helden, in den Vordergrund. Sie hielt sich jahrzehntelang. Ich hinterfragte nichts, dachte nicht nach, redete darüber auch nicht mit meinen Geschwistern. Die Legende, die uns unsere Mutter erzählte und an die sie glaubte, handelte von der Beliebtheit und dem besonnenen Auftreten meines Vaters in Zusammenhang mit der Umquartierung, Aussonderung und Verschleppung der Polen und Juden und hatte uns Geschwister fest in der Hand. Wie freundlich er zu den Juden gewesen war. Damals, 1939, in Rubieschow. Das war in Polen, wussten wir. Wie sie ihn Pan Landrat genannt haben, ihm Geschenke gebracht und mit Verehrung von ihm gesprochen. Wie er Widerstand geleistet habe. Wie er von der Gestapo verhört wurde. Wie er vorher viele Unterlagen verbrannt und wie sie das dann auch getan habe. Aber erzählt habe er ihr nichts. Und deswegen könne sie uns auch nichts sagen. In den Krieg haben sie ihn geschickt, und dann ist er auch gleich gefallen. Nie ging ihre Rede über diese fast mantraartig wiederholten Worte hinaus, nie forschte ich weiter nach. Weil er freundlich mit den Juden umging, konnte er kein Nazi sein. Das war für mich Gewissheit. Mein Vater hatte sich von der Naziflut nicht mitreißen lassen, war gegen den Strom geschwommen. Das Wort Widerstand blieb hängen. Sicher wäre er einer der Männer des 20. Juli gewesen, hätte er länger gelebt, redete ich mir ein, als ich erwachsen war. Das wurde desto wichtiger, je mehr ich in die Geschichte des Dritten Reichs eindrang. Ich wähnte mich auf der richtigen Seite. Musste von meinem Vater nicht Auskunft verlangen, wie es so viele Söhne und Töchter in den Jahren nach '68 um mich herum taten oder zumindest versuchten. Dem Gefühl von Unruhe, Ungewissheit, Untröstlichkeit, das stetig weiter in mir nagte, ging ich nicht nach, meine Anfälle von Melancholie und Weltschmerz gehörten zu mir wie die Nässe zum Regen.

Wie gestaltet sich Bewusstsein? Was muss passieren, damit es an der richtigen Stelle erwacht? Ich habe es erfahren, im doppelten Wortsinn. Auf einer Autofahrt von meinem neuen Leben in Italien zurück zu den Altlasten in Deutschland. Die Autorin und Filmemacherin G. saß neben mir und wir sprachen über ihr Buch, das über die Schwierigkeit der Deutschen berichtet, mit den Schatten der Vergangenheit zu leben. Je eintöniger draußen die Landschaft der Poebene an uns vorbeizog, desto lebhafter wurde unsere Unterhaltung. Ich hatte das Buch zwar noch nicht gelesen, meinte aber, bei diesem Thema mitreden zu können, und schwadronierte drauflos. Forsch begann ich: Mein Vater ist gleich zu Kriegsbeginn als Landrat in Polen eingesetzt worden, wollte ich sagen, aber mitten im Satz stockte ich und es durchfuhr mich jäh. Als risse eine Hand den dichten Schleier von meinem Bewusstsein. In meinem Kopf verhedderten sich die Gedanken. Bestürzt und ungläubig klammerte ich mich am Lenkrad fest und sah stumm auf die Straße. Wir näherten uns Bologna, Gebäude verdrängten die Landschaft und ich musste mich auf den zunehmenden Verkehr konzentrieren. Eine dumpfe Stille breitete sich in mir aus, während draußen die Lastwagen vorbeidonnerten. Wo nur war ich die ganzen Jahre gewesen? In welcher Traumlandschaft hatte ich mich bewegt? Es fing zu regnen an und in den Tropfen, die langsam die Scheibe hinunterliefen, zerfloss das Bild meines Vaters, das ich bis dahin von ihm hatte. Nichts von dem hehren Bild blieb. Wieso hatte ich nicht gesehen, was doch so offensichtlich war? Wieso war ich diesem Zusammenhang nicht auf den Grund gegangen? Landrat in Polen konnte er doch nur werden, weil er Parteimitglied war. Alle Juristen waren das, als Beamte schon gar ... Ich erinnere mich nicht, ob und wie G. sich dazu äußerte. Ich wusste nur, dass ich von vorne anfangen musste.

Zum ersten Mal empfand ich Wut. Rechtschaffenheit, Aufrichtigkeit, Treue, Loyalität – Worte, die ich in Zusammenhang mit meinem Vater oft gehört hatte, plötzlich verkehrte sich ihre Bedeutung. Rechtschaffen, treu, aufrichtig, loyal, das warst du zu denen, zu dieser Verbrecherbande, zu einem System, das monströs, gesetzlos, ganz und gar verabscheuenswert war. Vielleicht kamen dir Zweifel, vielleicht hast du angefangen, anders darüber zu denken, und wieder rangierte deine Überzeugung an erster Stelle.

Du hast dich aus dem Staub gemacht, dachte ich voller Ingrimm. Du hast dich lieber totschießen lassen, dachte ich voller Ungerechtigkeit. Du hast uns im Stich gelassen, dachte ich voller Mitleid für mich, meine Mutter, meine Geschwister. Ich wütete, stürzte das Vaterdenkmal von seinem Sockel, schlug alles kurz und klein, trampelte auf den Scherben herum. Du sollst doch so intelligent, gebildet, kunstsinnig, musikliebend, kultiviert gewesen sein, höhnte ich. Wie konntest du dich mit einer Bande einlassen, die ungebildet, kulturlos, brutal, unmenschlich, mörderisch war, klagte ich an. Du warst dabei, Repräsentant dieses Systems, hast mitgewirkt an entsetzlichen Gesetzen, gehörtest zum Kreis der Täter, bist nicht das Opfer, für das ich dich hielt. Rede dich nicht heraus, dass du es nicht eher gewusst hast. Es gab Menschen, die das Regime von Anfang an durchschauten, es ablehnten, dagegen kämpften. Warum konntest du nicht so denken wie sie? Ich warf mich verbal auf ihn, aber ich diskutierte nicht, ich griff ihn an, aber ich ließ ihn nicht zu Worte kommen. Mit meinen Geschwistern sprach ich nicht darüber, meine Mutter sprach ich nicht an. Nicht, dass sie sich verweigert hätte, aber ich wollte nicht daran rühren, dass sie sich mit dem Glauben an das Gutmenschsein ihres Mannes über dessen Verlust getröstet hatte. Wie war ich anmaßend, selbstgerecht und töricht in meinem Zorn. Und keineswegs in einem Alter, dem man diesen Grad der Voreingenommenheit, Unbarmherzigkeit und Distanzlosigkeit noch nachsichtig zugebilligt hätte. In ein paar Wochen holte ich nach, was mir in den vergangenen fünfzig Jahren verwehrt worden war. Vor allem von mir selbst.

An das Bundesarchiv
Document Center
Finckensteinallee
12205 Berlin

9-2-2000

Sehr geehrte Damen und Herren,

auf der Suche nach Auskünften und Unterlagen über unseren Vater wende ich mich, auch im Namen meiner Geschwister, heute an Sie. Die wenigen Anhaltspunkte, die ich Ihnen zu seinem Fall liefern kann, stammen von unserer Mutter, die im letzten Jahr verstorben ist. Sie äußerte sich dazu nur vage und bruchstückhaft, so dass die folgenden Angaben auch nicht sehr präzise sind.

Dr. Gerhard Behrend, geboren am *** in ***, wurde Mitglied der NSDAP, wann weiß ich nicht, und machte als Jurist Karriere im Innenministerium. Nach dem Einmarsch in Polen wurde er Ende 1939 als Landrat nach Rubjeschow oder Lublin geschickt. Wie lange er dort war und was im einzelnen passierte, ist unklar. Es scheint aber so, dass er aufgrund dessen, was er sah und erlebte, in den Widerstand ging. Mit wem er Kontakt hatte und welchen Kreisen er sich anschloss, wissen wir nicht. Er soll jedoch sein Parteibuch zurückgegeben haben und muss dann wohl auch in Verdacht geraten sein. Man (die Gestapo?) holte ihn zu einem Verhör, das 4 Tage gedauert haben soll. Wann das war, wissen wir auch nicht. Kurioserweise wurde erstmal nichts beschlagnahmt, so dass meine Mutter in der Lage war, alle schriftlichen Hinweise und Aufzeichnungen zu verbrennen. Sie habe aber nichts gelesen, um nichts zu wissen und dazu nicht befragt werden zu können. Lediglich eine Art Tagebuch, das verschlossen gewesen sei, habe sie nicht vernichtet und das sei dann auch konfisziert worden. Mein Vater habe ihr nie erzählt, was in diesen 4 Tagen vorgefallen sei. Man scheint zwar nicht so viel gegen ihn in der Hand gehabt zu haben, um ihn wegen Hochverrats anzuklagen, doch Tatsache ist, dass er vom Reserveleutnant degradiert und als Gefreiter in den Russlandfeldzug geschickt wurde. Er fiel am 22.11.1941 bei Krute-Jar an der Ostfront/Kiew.

Da ja bekannt ist, dass im Dritten Reich alles akribisch aufgezeichnet, aufgehoben und archiviert wurde, könnte es doch durchaus sein, dass auch über meinen Vater noch Akten existieren, wenn nicht gar jenes geheimnisvolle Tagebuch. Allerdings halte ich persönlich diesen Erinnerungssplitter für relativ unglaubwürdig, aber wie bei jeder Aufspürarbeit ist es leichter, zu wissen, wonach man sucht, anstatt nur einfach herumzustochern, oder? Möglich ist natürlich auch, dass sich in Ihrem Archiv gar nichts befindet. Vielleicht sind Sie jedoch in der Lage, mir einen Hinweis zu geben, an wen ich mich weiterhin richten könnte. Wir befinden uns ja erst am Anfang unserer Suche.

Mit herzlichem Dank für Ihre Hilfe und freundlichen Grüßen

Katrina Behrend Lesch

Frau
Katrina Behrend Lesch
Fratterosa/Italien

07/03/2000

Sehr geehrte Frau Behrend Lesch,
zur Einsicht in die Unterlagen Ihres Vaters Dr. Gerhard Behrend bitten wir Sie, am 16. Mai 2000 um 10.30 Uhr bei uns vorzusprechen. Bitte bringen Sie Ihren Reisepass oder Personalausweis zur Vorlage mit.

Mit freundlichen Grüßen
i.A. E. T.
Bundesarchiv Document Center

Ich hatte eine Menge behördlichen Hickhack erwartet, Nachweise, Beglaubigungen, Geburtsurkunden, und war von dieser lapidaren Zusage völlig überrumpelt. Einerseits hatte ich das Gefühl, mit viel zu viel Energie eine bereits offene Tür eingerannt zu haben, andererseits schlug mir das Herz bis zum Halse bei dem Gedanken, nun durch diese Tür zu treten. Ich benachrichtigte die Geschwister von meiner Absicht, durch Einsicht endlich Übersicht zu gewinnen, doch nur meine Schwester war sofort bereit mich zu begleiten.

Im Zug, der uns nach Berlin brachte, sprachen wir nicht viel miteinander und hingen unseren Gedanken nach. Einmal fragte ich sie: Du bist mir drei Jahre voraus und hast Vati noch gekannt. An was denkst du, wenn du an ihn denkst? – Sie erinnerte sich, dass er einmal ins Kinderheim gekommen sei und ihr deswegen der verhasste Mittagsschlaf erspart geblieben sei, wie er sie hoch in die Luft geschwungen habe, und an glänzende Stiefel und eine schwarze Uniformjacke erinnere sie sich auch. Nach einem kurzen Schweigen fügte sie hinzu: Ich möchte wissen, ob es uns gut tut, mehr über ihn zu wissen. – Sie hat genauso viel Angst wie ich, dachte ich.

Der Zutritt zum Document Center des Bundesarchivs ist unbürokratisch. Terminnachweis, Ausweiskontrolle, und schon stehen wir in einem großen Saal, in dem an langen Tischen Menschen über Ordner gebeugt sitzen. Die Akte mit dem Namen unseres Vaters, die man uns in die Hand drückt, ist enttäuschend dünn. Wir teilen uns das kleine Häufchen Blätter. Geburtsurkunde, Parteiausweis, in kleiner, regelmäßiger Sütterlinschrift geschriebener Lebenslauf.

„... Mit politischen Fragen habe ich mich seit 1924 beschäftigt, zunächst allerdings nur mit studentischen Fragen. Bald kam ich dadurch mit der allgemeinen Politik in Berührung. Meine Zuneigung gehörte schon damals dem Nationalsozialismus, doch hatte ich nie Gelegenheit, führende Männer der Bewegung sprechen zu hören. Mein großes politisches Erlebnis war die Begegnung mit dem Führer, als er im Februar 1932 – nach langer Zeit zum ersten Mal wieder in Berlin – in den Tennishallen in Wilmersdorf zu der studentischen Jugend sprach. Seit 1. März 1932 bin ich Parteimitglied (Nr. 1011294) ..."

Da schiebt mir meine Schwester ein Blatt zu. Sie deutet auf ein Wort und flüstert dabei: Die schwarze Uniformjacke – ich habe mich also nicht geirrt. Ich lese und mir bleibt fast das Herz stehen –

„... am 3. November 1933, als die Sperre für einige Tage aufgehoben wurde, trat ich in die SS ein. Zur Zeit bin ich dem Stab der SS-Standarte 64 als Fürsorgereferent zugeteilt ..."

Wir sehen uns an, Bestätigung für sie, Bestürzung für mich. Betäubt blättere ich weiter in den Seiten. Heiratsantrag, als SS-Angehöriger musste er um die Erlaubnis bitten, Abstammungs- und Führungszeugnis meiner Mutter, Fotos von ihr mit Mittelscheitel, Welle über dem Ohr und Knoten im Nacken, das typische Bild der Nazifrau (ich glaube, nur für den Fotografen), Fotos von meinem Vater, eines mit grimmigem Blick und vorgeschobenem Kinn, ein anderes mit der melancholischen Stirnfalte, Benachrichtigung von seinem Tod. In dieser Akte sind nur die Dokumente von Schmach und

Schande versammelt. Auch weitere Nachforschungen in den Aufzeichnungen von Gestapo- und Polizeiverhören aus dem infrage kommenden Zeitabschnitt fördern nichts zutage. Die Spur des Tagebuchs führt ebenfalls ins Leere. Was ist passiert? Denn es ist etwas passiert. Märchen hat meine Mutter nicht erzählt. Vielleicht etwas dazu gedichtet, was ihr Trost gab.

Auch mich verlangte es nach Trost. Mein Vater war bei der SS gewesen, die Worte rollten in meinem Kopf herum. Ich kam nicht davon los, so sehr meine Wut auch an Wucht verloren hatte. Stattdessen breitete sich so etwas wie Resignation aus. Sollte ich nie erfahren, was er getan hat? Was ihm widerfahren ist? Drückte ich mich um die Auseinandersetzung mit dem Nichtwissen und dem Loslassen? Wie hätte ich mich verhalten, an seiner Stelle? Um was ging es mir eigentlich? Um einen Vater, der mir nicht gefehlt hat, wie ich zu Beginn schreibe. Um einen Vater, der vielleicht in den Widerstand gegangen wäre, wie ich es mir dann wünschte. Um einen Vater, den ich so nicht gewollt hätte, als ich mehr von ihm erfuhr. Oder um den Vater, so wie er war.

Christina Claus
UND WIEDER MAL GEKÜNDIGT

Vatis Gesicht ist ernst, als er zur Wohnungstür hereinkommt. Ich merke sofort, dass irgendwas nicht stimmt. Er begrüßt mich auch nicht wie sonst, schaut nur an mir vorbei und zieht die Schuhe aus. Mutti kommt aus der Küche und fragt „Was ist los?" und Vati sagt: „Gekündigt". Es macht mir Angst, dass beide so komisch schauen.

Damals war ich ungefähr sechs Jahre alt und habe zum ersten Mal verstanden, dass mein Vater immer nur für kurze Zeit Arbeit hatte. Mein Vater war Koch und in diesem Beruf war es damals nicht leicht, eine Stelle zu finden. Er hat zwar in einem ganz feinen Hotel in Frankfurt gelernt, aber das hat ihm auch nichts genützt.

Mutti sagt, die Leute brauchen das Geld jetzt für was anderes, als in teuren Hotels zu essen. Direkt nach dem Krieg hat Vati alles Mögliche gemacht: Er hat Schienen für die Eisenbahn gelegt, ist als Vertreter für irgendwelche technischen Sachen rumgefahren und sowas. Später hat er eine Stelle in der Kantine eines Flüchtlingsheims in Reichenhall bekommen, das wurde aber nach zwei Jahren aufgelöst. Dann hat er in der Kantine einer Wurstfabrik bei Ulm gearbeitet. Die ist aber auch geschlossen worden. Vati ist nach Berchtesgaden zu den Amerikanern gegangen. Die Amis hatten dort Erholungshotels für die Familien der Soldaten. Eins hieß Alpine Inn und mein Vater hat dort gekocht. Manchmal hat er uns etwas mitgebracht, lauter Sachen, die wir nicht kannten, salzige Butter zum Beispiel, oder roten Käse und Applepie. Vati mochte das nicht, aber mir hat es meistens geschmeckt. Vati hat auch oft geschimpft, weil sie dort in der Küche kein Fenster aufmachen durften. Die Amis hatten nämlich Angst, dass sonst Fliegen oder

Dreck ins Essen kommen. Manchmal musste Vati sogar nachts kochen. Er hat mir erzählt, dass manche Leute wegen ihrer Religion manchmal nur nachts essen dürfen.

Für meine Mutter war es ziemlich schlimm, dass Vater durch seinen Beruf immer woanders gewohnt hat. Oft musste er auch am Sonntag arbeiten. Einmal habe ich in einem Schulaufsatz geschrieben, dass mein Vater nicht zuhause wohnt und nur ab und zu vorbeikommt.

Da war Mutti ziemlich böse und hat geschimpft, weil die Leute denken könnten, dass sie geschieden sind.

Manchmal haben wir meinen Vater besucht. Das war immer ziemlich eng, weil wir alle drei in seinem kleinen Zimmer übernachten mussten. Einmal habe ich mich auch verlaufen, das war schlimm. Das war in dem Flüchtlingsheim in Reichenhall. Die Häuser dort haben nämlich alle gleich ausgesehen, weil da früher die Kaserne der Wehrmacht war. Ich bin hinunter gegangen und hab mit den Flüchtlingskindern Verstecken gespielt. Plötzlich wusste ich nicht mehr, in welchem Haus mein Vater wohnt, und habe angefangen zu weinen. Ich konnte nämlich noch nicht lesen, auch keine Hausnummern. Vati hat mich aber wiedergefunden und ich bin ziemlich geschimpft worden.

In dem amerikanischen Hotel war es viel schöner. Wir hatten mehr Platz zum Wohnen, wenn wir ihn besucht haben. Es gab einen Spielplatz mit Karussell und manchmal haben wir mit der Familie des Hoteldirektors einen Ausflug gemacht. Außerdem habe ich ein paar Wörter Englisch gelernt, thank you und good morning und sowas.

Die Küchen, in denen mein Vater immer arbeitet, sind ziemlich groß. Es ist fürchterlich laut und heiß und die Köche laufen alle durcheinander und rufen so komische Sachen wie „Salat marschiert". Vati und seine Kollegen haben grau-weiß-karierte Hosen und weiße Jacken an und eine hohe Mütze auf dem Kopf. Vati sagt, die ist dazu da, dass keine Haare ins Essen fallen, aber ich glaub nicht, dass das was nützt, weil sie gar nicht alle Haare zudeckt. Ich würde nicht gern in so einer lauten Küche arbeiten und eigentlich wollte Vati das auch nicht. Er ist nämlich ein Tüftler und wäre gern Radiotechniker oder sowas geworden. Aber meine Großeltern haben gesagt, er muss Koch werden, weil sie mal ein Restaurant eröffnen wollen.

Sie haben aber nie eins eröffnet.

Zurzeit ist Vati wieder arbeitslos, weil die Amerikaner weggegangen sind und das Alpine Inn wieder ein deutsches Hotel geworden ist. Ich finde es ganz schön, dass Vati daheim ist, weil meine Mutti den ganzen Tag als Sekretärin im Gesundheitsamt arbeitet. Vati bastelt viel mit mir und ist auch nicht so streng wie Mutti. Ich darf sogar beim Essen lesen.

Vati hat sich jetzt im Goetheinstitut in Reichenhall beworben. Dort ist nämlich die Stelle des Küchenchefs freigeworden. Wenn er sie bekommt, ziehen wir alle nach Reichenhall und können dann endlich zusammen wohnen. Und ich darf dann in eine neue Schule gehen.

Mechthild Jagla
SCHLESISCH-POMMERSCHE ELBMISCHUNG

Ohne den Krieg hätte die erste Frau meines Vaters sich wohl nicht von ihm getrennt und meine Mutter und ihr Verlobter hätten wahrscheinlich geheiratet. Meine Eltern, aus Schlesien bzw. Pommern stammend, wären sich nie begegnet und mich gäbe es gar nicht. Der Krieg bestimmte ihr Leben und indirekt war auch meine Kindheit dadurch geprägt. Wie aber waren meine Eltern in ihrer Jugend – offen und selbstbewusst oder verhalten und zurückgenommen? Außer ein paar kleinen Geschichten weiß ich darüber nichts. Wie schade, dass ich das mit meinem Vater nie und mit meiner Mutter viel zu wenig zum Thema gemacht habe. Umso mehr interessieren mich jetzt ihre Briefe und Fotos.

Fundstücke: Mein Vater Eberhard mit seinen Brüdern im Familienkreis – auf seinem Motorrad – mit zwei jungen Mädchen, um die er seine Arme gelegt hat – mit zwei Beinen auf einem Felsen stehend (ich kenne ihn nur mit Beinprothese) … und bei seiner ersten Hochzeit.

Vater war ein musischer Mensch – aber seine Geige war in Schlesien geblieben und seine linke Schulter durchschossen, doch Melodien, die ihm in den Sinn kamen, konnte er auf dem Klavier spielen. Er zeichnete gern und liebte die Natur, seine begeisterten Ausrufe auf unseren Urlaubsfahrten sind mir in lebhafter Erinnerung: „Kinder, nun guckt doch mal!"

Im Sommer 1939 war Eberhard frisch verliebt und hatte eine Pfarrstelle am Fuße des Riesengebirges im Blick, in seiner geliebten Heimat. Dort, bei Menschen seines Schlages, wäre er sicher in seinem Beruf glücklich geworden – und vielleicht nicht so früh gestorben.

Als Mädchen liebte meine Mutter, Lisa, nichts mehr als die Seereisen auf der Ostsee an Bord des kleinen Frachters, auf dem ihr Vater Kapitän war. Und als ein Bekannter in Riga die Fünfjährige neckend fragte, ob er, da sie schon wieder so gewachsen sei, nun ‚Fräulein Lisa' sagen solle, antwortete sie keck: „Nein, Dame Lisa!" Sie wuchs zu einem attraktiven jungen Mädchen heran, – aber höchst erstaunlich finde ich die Geschichte von ihr und Kurt dennoch.

Ihr Vater liebte Geselligkeit und brachte gern Freunde mit nach Hause, wohl wissend, dass seine Frau ihn mit einem gut gedeckten Tisch erwartete, und für Cognac, Rotwein und Zigarren wollte er schon sorgen. So auch im Januar 1941. Vielleicht hatte Kurt Lisa vielsagend angelächelt oder ihr etwas Charmantes zugeflüstert, denn das lag ihm, jedenfalls trug sie in ihr Tagebuch ein: „... wenn der jünger wäre oder ich älter ... schade, dass der unerreichbar ist ..." Sie war gerade siebzehn geworden, er war neununddreißig – und doch begann zwei Tage später eine große Liebe. Und zwar war es Lisa, die sich – aus freien Stücken – auf den Weg zum Hafen machte. So couragiert kenne ich meine Mutter nicht – in meiner Kindheit war sie stets abwartend. Initiativen gingen von meinem Vater aus und er bestimmte, was sein sollte und was nicht – nur selten gelang es mir, mit meiner Mutter etwas anderes auszuhandeln. Auch am Esstisch verfiel er gern ins ‚Predigen', während sie wirkte, als teile sie seine Meinung – doch ob sie wirklich mit ihm übereinstimmte? Offene Auseinandersetzungen vermied sie – ich glaube aus Angst, die könnten eskalieren, denn Streit hatte sie in ihrem Elternhaus genug erlebt.

Während meiner ersten siebeneinhalb Jahre lebten wir am Stadtrand von Hamburg, ganz in der Nähe meiner Großeltern. Mein Vater hatte sich eingelebt und sich mit dem von ihm gegründeten Schlesier-Verein sogar ein Stück Heimat schaffen können: bei Geselligkeit, Tanz und schlesischer Küche trug er mundartliche Texte vor, auch seine eigenen. Von mir sprach er als seiner „schlesisch-pommerschen Elbmischung", erzählte vom Berggeist Rübezahl und führte das schlesische Heilig-Abend-Essen bei uns ein: ungebrühte Kalbsbratwurst in Rosinensoße, Sauerkraut und Salzkartoffeln.

In beinah ländlichem Frieden erlebte ich Geborgenheit: in der Sandkiste mit Jürgen, dem Nachbarsjungen, am Elbstrand mit meinen Eltern, im Garten mit Roller und Puppenwagen, in den Erdbeerbeeten der Großeltern. Doch auch eine andere Szene fällt mir ein: ich bin vier oder fünf, es ist Winter und ich steh an unserer Terrassentür und schau hinaus. Hinter unserem kleinen Garten beginnt hügeliges Heideland mit Kiefern und Birken, fröhliche Kinder fahren Schlitten und ich möchte mitmachen. Meine Mutter bemerkt das nicht. Zwar hatte sie, wie ein Foto zeigt, als Kind einen Schlitten, aber es war einer mit Lehne, sie trägt Pelzmäntelchen und Muff, „Dame Lisa" eben – und acht Jahre lang ein Einzelkind.

Ein, zwei Jahre später hatte ich zwei Mädchen kennengelernt, die wie ich einen Ballonreifen-Roller hatten – aber mit denen, fand meine Mutter, sollte ich nicht spielen, sie würden „schlechte Wörter" benutzen. Standesgemäßer Umgang und „lieb und artig sein" war ihr wichtiger als Freunde zu haben und Spaß ... Und jetzt fällt mir auch der Spruch vom ‚Mitschnacker' ein, der ‚den Eltern die Kinder wegnimmt'. Haben meine Eltern mir damit Angst gemacht, um mich vom Schlittenfahren und Draußenspielen abzuhalten – oder war ihre Angst tatsächlich so groß?

Mein Vater, zu der Zeit im Krankenhaus tätig, wollte eine eigene Pfarrstelle haben, aber all seine Bewerbungen liefen ins Leere. Er wunderte sich – und erfuhr Jahre später: in der Kirche ging es keineswegs brüderlich zu. Er, der Flüchtling, war nicht willkommen – heute würde man von Mobbing sprechen. So kam es, dass er auch Pfarrstellen in Schleswig-Holstein in Betracht zog. 1956 schließlich zogen wir nach Laboe, einem kleinen Badeort an der Kieler Förde, von Feldern und Wiesen, Wald und Wasser begrenzt. Bäume schützen vor dem Wind: Linden vor den Bauernhöfen, Kastanien auf dem Pfarrgrundstück, Rotdorn entlang der Hauptstraße. Am Hafen angelten kleine Jungs mit Regenwürmern nach Krebsen und die etwas größeren kletterten auf die Poller und sprangen ins kalte Wasser. Fünfzig Meter weiter beginnt der Strand. Aber den bekam ich nur zu sehen, wenn Verwandte uns besuchten. Als ich mir ein Rad wünschte, hieß es: aber der Berg runter ins Unterdorf! – zu gefährlich, nein! Dann also Rollschuhe. Meine Schwester und ich bekamen zusammen ein Paar und mussten damit auf der kleinen, mit Platten ausgelegten Fläche zwischen Kirche und Pastorat bleiben. Das machte keinen Spaß. Als Schnee lag und ich an meinen Schlitten dachte, fehlte mir der Mut, allein loszuziehen. Wenn ich doch eine Freundin hätte!

Antje aus meiner Klasse gefiel mir, ich lud sie zu meinem achten Geburtstag ein und erhielt bald darauf die Gegeneinladung. Das freute mich sehr, zumal Antjes Vater Bauer war. Sie führte mich herum, auch in den Kuhstall. Ich war glücklich und stolz und wollte am Abendbrottisch davon erzählen, kam aber nicht weit, denn mein Vater unterbrach: „WO bist du gewesen … ?" Kaum hatte ich die Adresse genannt, ging ein Donnerwetter auf mich nieder: „Das ist der Hof von Erwin Arp! Da hast du nichts zu suchen! Ein unkirchlicher Bauer! Da gehst du nie wieder hin, hast du gehört?" Als Wortführer der ‚Kirchenfeinde' hatte mein Vater zwar nicht Antjes Vater, aber einen anderen Bauern ausgemacht und vermutete: „… die Bauern stecken doch alle unter einer Decke!".

Dazu muss man wissen, dass mein Vater sich in Laboe einer großen Herausforderung gegenüber sah. Schnell wurde deutlich, dass es das kirchliche Leben, wie er es von Schlesien kannte, hier nicht gab. Und so kollidierten die strengen Grundsätze meines Vaters mit dem „Schlendrian", wie er sagte, der sich unter seinem Vorgänger etabliert hatte: die Kirchenältesten fanden nichts dabei, das Amt innezuhaben, aber dem Gottesdienst fern zu bleiben. Vielleicht hätte er die drohende Frontenbildung aufhalten können, wenn er mit dem einen oder anderen ein Gespräch unter vier Augen gesucht hätte oder sich durch Hausbesuche und seelsorgerische Gespräche um Rückhalt bemüht hätte. So aber kam es zu Verweigerung und Machtkampf, die Männer des Kirchenvorstands, die Honoratioren des Dorfes – Werftbesitzer, Lotsenführer, Holzhändler, Bäckermeister, Malermeister, Lehrer – wollten sich von einem „dahergelaufenen Flüchtling" keine Vorschriften machen lassen! Nur Herr Schwarz, der aus Pommern stammte, hielt zu meinem Vater – und so hatte ihn zum zweiten Mal das Schicksal vieler Flüchtlinge eingeholt: er wurde abgelehnt, weil er anders war. Sicher wäre es klug gewesen, einige Grundsätze erst einmal zurückzustellen. Aber er wollte doch, nachdem er Gesundheit, Heimat, Freunde und Ehefrau verloren hatte, sich selbst treu bleiben!

Jetzt, fünfzig Jahre später, liegen Texte vor mir, in denen seine weiche, empfindsame Seite hervortritt – er schildert seine Kindheit, begründet seine Entscheidung für das Theologie-Studium und schreibt sich einzelne Kriegsszenen von der Seele.

Mein Vater, 1911 geboren, war Student der Theologie in Berlin, als Hitler die Macht ergriff. Trotz anfänglicher Sympathien entwickelte er gegenüber den Nazis schnell eine kritische Haltung, weil er ahnte, dass nach den Juden auch die Theologen in ihr Visier kommen würden, und wechselte nach Halle, in die Provinz. Im Krieg – erst in Frankreich, dann in Russland – war er bei der Artillerie, aber auch als Dolmetscher eingesetzt, vor allem für die Beschaffung von Unterkünften und Nahrungsmitteln. In den Sümpfen um den Ilmensee (St. Petersburg) wurde er schwer verwundet. Nach notdürftiger Versorgung und tagelangem Transport nach Estland wurde sein linkes Bein abgenommen, der Erhalt des linken Arms war lange ungewiss. Weitertransport nach Ostpreußen, Besuch von Vater und Ehefrau, wobei er spürte, wie sehr sie unter seiner Verwundung litt. Zwei Jahre in verschiedenen Lazaretten, zuletzt in der Nähe von Hamburg. Dorthin flüchtete auch seine Frau. Als die Entlassung bevorstand, teilte sie ihm mit, dass sie einen englischen Offizier liebe und die Scheidung verlange. Die erfolgte im April 1947 – da war sie von dem Engländer schwanger. Mein Vater gab die Hoffnung noch nicht auf, bot sogar an, das Kind zu adoptieren. Aber sie sagte nur, mit einem Krüppel könne sie nicht leben ... Diese erste Ehe war bis nach dem Tod meines Vaters ein Familiengeheimnis. Als Studentinnen jedoch fingen wir an, uns für das Leben unserer Eltern zu interessieren, befragten unsere Mutter nach ihrer Kindheit in Stettin und nach der NS-Zeit und waren enttäuscht, wie wenig sie berichten konnte. Oder wollte sie einer Konfrontation ausweichen? Themen wie das Mitläufertum und das Wegschauen wurden seit Jahren von den Medien thematisiert, unsere Mutter aber sah alles nur unter ihrem persönlichen Blickwinkel: bei der Machtergreifung war sie neun gewesen, bei Kriegsende einundzwanzig ..., um eine unbeschwerte Jugend war sie betrogen worden – und jetzt sollte sie „Schuld" empfinden?
1947 lernte Lisa Eberhard kennen und so endete das Jahr für beide glücklich. Noch im Lazarett hatte mein Vater ein Angebot als Krankenhausseelsorger in Hamburg-Rissen erhalten und angenommen, denn er war – trotz Lebensmittelzulagen – für eine volle Pfarrstelle zu schwach. Er fand auch ein Zimmer zur Untermiete und freundete sich mit der Pastorsfamilie an. Und die luden nicht nur ihn ein, mit ihnen Silvester zu feiern, sondern

auch Lisa, auf die mein Vater bereits ein Auge geworfen hatte. Sie verliebten sich und heirateten schon im Mai. Ein Neuanfang – nicht nur im Privaten, sondern für Lisa wohl auch, was Geist und Seele anging. Wo das Ende des Dritten Reiches Verwirrung und ein Vakuum hinterlassen hatte, bot Eberhard ihr Halt und die Religion neue Orientierung.
Lange dachte ich, sie seien das ideale Paar. Nicht nur, dass sie nie stritten, sie gingen liebevoll und zärtlich miteinander um, was nach jedem Mittagessen augenfällig wurde: sie legten sich auf das schmale Sofa zur Mittagsruhe und ich breitete die Wolldecke über sie. Aber im Nachlass stieß ich auf einen befremdlichen Brief: eh er ihr Ja-Wort endgültig annimmt, hält Eberhard Lisa vor Augen, dass diese seine zweite Ehe unbedingt Bestand haben müsse – sonst würde er sein Amt verlieren. In eindringlichem Ton übte er hohen Druck aus und so fügte sie sich ihm, der mit so hehren Dingen befasst war.
Einen Teil ihres Herzens aber entzog sie Eberhard, denn darin lebte die Erinnerung an Kurt, von dessen Existenz Eberhard aus Lisas Mund nie erfuhr.
Mit dem Älterwerden meines Vaters nahmen die Konflikte mit ihm zu. Wir erlebten ihn als ausgesprochen autoritär. Unser einziges Radiogerät – großer Kasten, grünes Auge – stand natürlich im Wohnzimmer und Beatles, Stones, The Who, Hollies, Kinks, Mamas & Papas … waren für ihn ‚Negermusik', die er einfach ausschaltete. Abendliches Fernsehen war für uns lange tabu, er dagegen saß jeden Abend auf der Couch und zappte zwischen den drei Programmen hin und her. Als die Tagesschau immer häufiger über Demonstrationen, Sit-Ins, „Halbstarke" und Ho-Tchi-Minh-Rufe berichtete, eiferte er sich: „Diese Langhaarigen! Was wollen die überhaupt?" Diskutiert wurde darüber nicht, eine andere Meinung als seine galt meinem Vater als Widerrede.
Ein gutes Jahr später lebte er nicht mehr – im Alter von 56 Jahren war er einem Gehirnschlag erlegen.

Angelika Strünkelnberg
„SIE HABEN IHN ABGEHOLT!"

Der Krieg hat vielen Kindern ihre Väter genommen. Aber es gibt einen Unterschied, ob der Vater gefallen, vermisst oder im Bombenhagel umgekommen ist – oder ob er nach Kriegsende in ein Lager der Besatzungsmacht gebracht wurde. Diese Kinder tragen Zeit ihres Lebens einen Makel mit sich, den sie nicht loswerden, auch wenn niemals ein Prozess gegen den Vater geführt wurde. Im Prinzip gleicht meine Geschichte sehr vielen von Kindern der Lagerhäftlinge, aber ich möchte meine persönliche Erfahrung doch schildern.

Ich bin als Tochter von Else und Fritz Blüher in Chemnitz geboren. Mein Vater war in Annaberg im Erzgebirge aufgewachsen und Lehrer in Klaffenbach bei Chemnitz geworden. Meine Mutter, eine Schwäbin aus Stuttgart, war, wie damals üblich, zuhause bei ihren kleinen Kindern – bei meinem Bruder Hans, der bei Kriegsende fünf Jahre alt war, und bei mir, damals drei Jahre alt.
Ich erinnere mich an den Einmarsch der Russen und meine Angst vor ihnen, vor ihren Gewehren und Panzern, dem lauten Auftreten als Sieger, die sich nach Lust und Laune nehmen durften, was sie wollten. Und ich erinnere mich umgekehrt an die Fürsorge und Wärme in meiner Familie. Ich hatte einen liebevollen Vater, der sich so wohltuend von dem damaligen Vaterklischee des fernen, nicht ansprechbaren, strengen Vaters abhob. An seiner Hand war ich glücklich, auf seinen Schultern regierte ich die Welt. Auch seine Schüler liebten ihn. Ich habe mit vielen von ihnen gesprochen, wenn ich als Erwachsene in Klaffenbach war, und spürte ihre Freude,

sobald sie erfuhren, dass ich seine Tochter bin.

Dieser geliebte und bewunderte Vater fehlte eines Tages im Frühsommer 1945, er war einfach weg. Keiner konnte mir sagen, wo er war und wann er wiederkommen würde. An diesem Tag bin ich aus meinem Kinderparadies gefallen.

Meine sonst beschwingte Mutter lachte nicht mehr, hatte verweinte Augen. Es gab Gespräche der Erwachsenen, von denen wir Kinder ausgeschlossen waren, Angst, Sorgen und Not. Ich saß oft in einer Ecke und weinte um meinen verlorenen Papi. Meine Erlebnisse, Fragen und Anliegen waren unwichtig geworden. Ich sollte doch bitte nicht zu viel Aufmerksamkeit beanspruchen und klaglos funktionieren. Vater war „im Lager", das war zu mir durchgedrungen – was immer es auch bedeutete. Hinter vorgehaltener Hand wurde gewispert: „Sie haben ihn abgeholt!".

Nicht dass meine Mutter mich nicht wahrnehmen wollte, aber sie stand ja nun geradezu vor dem Nichts: Der Verdienst meines Vaters fehlte ebenso plötzlich, wie er selbst verschwunden war. Es musste sogar noch das letzte Monatsgehalt zurückbezahlt werden. Mutter musste also schnellstmöglich eine bezahlte Arbeit finden, denn es gab auch keine Verwandten im näheren Umkreis, die hätten einspringen können. Nur ein paar gute Freunde unterstützten sie.

Sie bekam schließlich ab April 1946 die Erlaubnis, als „Nadelarbeitslehrerin" an der Schule meines Vaters zu arbeiten. Von da an verdiente sie 160,- Mark bei 16 Wochenstunden, nachdem sie schon im September 1945 eine Prüfung beim Bezirksschulrat abgelegt hatte. Mutter war keine ausgebildete, erfahrene Lehrerin und musste sich deshalb nachts auf die Unterrichtsstunden vorbereiten, besonders als dann noch anderer Fachunterricht dazukam – im alten Klaffenbacher Rittergut, dem jetzigen Schlosshotel, damals ein Heim für schwererziehbare Mädchen. Tagsüber war Mutter kaum noch für uns da. Eine ostpreußische Flüchtlingsfrau, Mutti Marx, und ihre Tochter Ruth wurden unsere Tagesmütter.

Die Wochenstunden meiner Mutter in den Schulen wurden willkürlich reduziert und vermehrt und somit auch ihr Verdienst. Neben der schulischen Vorbereitung fertigte sie heimlich nachts stundenlang bestellte Handarbeiten an, z.B. Filzgürtel, von denen ich heute noch einen in Eh-

ren halte. Nebenerwerb war streng verboten. Zudem stand Mutter unter ständiger Beobachtung als Ehefrau eines Lagerinsassen, sie erlebte Diffamierungen und Drohungen, besonders auch aufgrund ihres christlichen Glaubens. Auch wir Kinder durften auf keinen Fall auffallen.
Mein Vater war mit seinem ganzen Kollegium in die NSDAP eingetreten. Während des Krieges vertrat er für sechs Monate einen einberufenen Kollegen als Leiter der Hitlerjugend. Die Kinder hatten ihn darum gebeten. Dies wird ihm zum Verhängnis geworden sein. So erhielt er ein von der Gemeinde gestempeltes Schreiben, eine Aufforderung mit dem Wortlaut: „Im Auftrag der russischen Kommandantur haben Sie sich morgen, den 30. Juni 1945, früh um ¾ 5 Uhr im Rathaus Klaffenbach einzufinden. Mitzubringen sind 1 Decke, Seife, Handtuch, Zahnpasta und Zahnbürste. Nichterscheinen zieht schwere persönliche Folgen nach sich. Der Vorstand des Antifa Komitees."

So war mein Vater verschwunden. Ich weiß, dass er keinem Menschen einen Schaden zugefügt hat. Meine Mutter hat dies stets betont. Eine „Charakteristik über Herrn Fritz Blüher" wurde 1947 vom „Block der antifaschistisch-demokratischen Parteien Klaffenbach" erstellt. Aus ihr geht hervor, dass er nicht unter die „aktiven Nazis" gezählt wurde, „obwohl er Mitglied der NSDAP seit 1934 war und als örtlicher HJ-Führer fungierte".

Schließlich erfuhr meine Mutter, dass er zuerst in das Lager Bautzen, in das berüchtigte „Gelbe Elend", und neun Monate später nach Mühlberg gekommen war. An einem Sommertag 1946 machte sie sich deshalb auf den Weg und fuhr auf dem Tender einer überfüllten Eisenbahn in Richtung Mühlberg. Sie führte ein großes, schweres Paket mit sich, das sie dort zum viele Kilometer entfernten Lagertor schleppte, um meinem Vater Kleidung und Lebensmittel zu bringen – es ist nie bei ihm angekommen.

Drei Jahre trauerte ich um meinen verlorenen Vater, ich zog mich oft zurück und verbrachte viel Zeit allein und mit dem Bild, das ich von ihm in mir trug. Das selbstsichere, unternehmungslustige kleine Mädchen, das ich gewesen war, und das sich der bedingungslosen Unterstützung seiner

Eltern sicher war, wurde nun grüblerisch, scheu, vermied es ängstlich, aufzufallen und passte sich übermäßig an.

Am 15. Juli 1948 kehrte Vater bei einer ersten Entlassungswelle zurück. Voller Freude eilten wir zum Bahnhof. Doch der Mann, der da schwer krank, gealtert, grau und abgerissen aus dem Zug gestiegen war, er glich so gar nicht dem Vaterbild, das ich in mir trug und um das ich nun trauerte. Hungerödeme kaschierten zum Teil seine ausgemergelte, bis aufs Skelett abgemagerte Gestalt, die mich maßlos erschreckte und abstieß, als ich ihn einmal nackt im Badezimmer überraschte – auch er ist damals erschrocken. Es war die Dystrophie, die im Lager grassiert und Tausende dahingerafft hatte. Dazu kam Herzschwäche, die zu Ohnmachten führte, und heute vermute ich auch, dass die Tuberkulose, derentwegen er als junger Mann monatelang in Todtmoos behandelt werden musste, wieder aufgeflammt war.

Er wurde nicht mehr gesund. Vom Lager erzählt hat er auch meiner Mutter nichts. Nur im Schlaf hat er oft gestöhnt oder geschrien. Er war mit großer Hoffnung nach Hause gekommen. Meine Eltern hatten eine sehr glückliche Ehe geführt, geprägt von absolutem Vertrauen und gemeinsamer Liebe zu Musik und Natur. Sie waren gläubige Christen. Vielleicht half dies meinem Vater, die Lagerhaft bis zur Entlassung durchzustehen. Er hat es geschafft, er wurde entlassen und konnte dem Lager den Rücken kehren. Zu Hause setzte er sich gleich ans Klavier und spielte den Choral „Nun danket alle Gott".

Aber nach seiner Rückkehr wurde ihm jede Hoffnung auf ein neues, irgendwie normales Leben genommen. Er wurde teilweise plump bespitzelt. Sein Beruf, den er doch so liebte, wurde ihm verwehrt. Auch private Musikstunden zu geben, verboten ihm die, die in der Gemeinde nun das Sagen hatten. Zu einem Studium – der Theologie – in Berlin wurde er nicht zugelassen. Stattdessen hätte der schwer kranke Mann bei der „Wismut" im Uranbergbau arbeiten sollen. Mit der Hoffnung verließ ihn die Kraft – und vielleicht auch der Lebenswille? Denn die Unterrichtsstunden meiner Mutter, die ja weiterhin unsere Familie versorgen musste, waren nach seiner Rückkehr mit dem höhnischen Kommentar, dass ja nun der Ernährer wieder da sei, von 20 auf 12 gekürzt worden.

Im Frühjahr 1949, neun Monate nach seiner Entlassung, ist mein Vater an den Folgen der Lagerhaft gestorben. Und meine Mutter, die tapfere, starke, ist nach seinem Tod zusammengebrochen, schwer depressiv und chronisch herzkrank geworden. Jahrelang hat sie nur Schwarz getragen und musste doch gleichzeitig um ihr und unser Überleben kämpfen. In dieser Zeit erlebte sie weitere Schikanen im Ort. So wurde etwa ihre Unterschrift gefälscht, als es darum ging, ein Zimmer der Wohnung abzugeben. Schließlich sollte sie unsere komplette Wohnung einer jungen Kollegin, SED-Vorsitzende des Ortes, zur Verfügung stellen. Mutter trug ein kleines, silbernes Kreuzchen als Anstecknadel am Revers und erklärte dies auf Nachfrage mit ihrem christlichen Glauben. Ein russischer Offizier, der an allen Lehrerkonferenzen teilnahm, drohte daraufhin mit den schärfsten Maßnahmen gegen die „Kreuzträger". Dazu notierte sie: „Die ständige Furcht vor der drohenden Gefahr für Leib und Leben oder Freiheit und die täglich zu bestehenden inneren und äußeren Konflikte haben meine Gesundheit so untergraben, dass ich todkrank wurde und mir die behandelnden Ärzte in der Ostzone dringend rieten, zur Rettung meines Lebens zu meiner Mutter nach Stuttgart zu flüchten."

Im August 1950 sind wir schließlich nach Stuttgart, in ihre Heimatstadt, gezogen. Sogar legal, mit Pass und Möbeln. Noch an der Zonengrenze wäre ums Haar alles am „Njet" des russischen Postens gescheitert.

Klaus Wagner
„VERGEBEN, VERGESSEN, VORBEI"

Dieser Sommerabend 1962 war schweißtreibend schwül. Schwarzgraue Kumuluswolken schwebten heran. Wir warteten auf Vater. Er kam wie immer spät vom Gericht, im grauen Glenscheck-Anzug, mit dem schmalkrempigen Hut in der Hand. Kam durch die Terrassentür herein. Ich spürte sofort, dass Mutter gepetzt hatte, als ich sie im hintersten Teil des von ihr eigenhändig angelegten Gartens sah, bei Erdarbeiten am neuen Beet geduckt. Wir beide hatten in letzter Zeit ein gutes und vertrauensvolles Verhältnis zueinander. Sie war für mich und meine Schulsorgen da. Ich half immer im Garten. Vater hatte fast nie Zeit für uns Kinder, bis auf die vier, dann aber meist unbeschwerten, Ferienwochen mit dem kleinen Auto im nahen Ausland. Wahrscheinlich hatte Vater die Mutter schon im Garten inquisitorisch befragt, wie er das in letzter Zeit häufiger tat. Sie musste ihm dann alles akribisch berichten.

Vater kam direkt auf mich zu. Sein Gesicht war blass, fast fahl. Nur die dunklen Bartstoppeln gaben dem leicht spitz vorspringenden Kinn Kontur. Seine grau-grünen Augen unter den schräg hängenden, buschigen Augenbrauen musterten mich lange, fast ein wenig besorgt, wie mir schien. Wegen mir? Wegen seiner Gerichtsurteile heute? Dienstag war sein Sitzungstag. Unsere Blicke kreuzten sich kurz und wichen sich aus. Ich wollte etwas sagen, konnte aber nicht. Ich ahnte schon, um was es gehen könnte. Aber seine straffe und steife Haltung zeigte mir, dass er nicht reden wollte und etwas vorhatte mit mir. Er befahl mich ins Wohnzimmer, schloss die Terrassen- und die Gangtüre, dann die schwere Schiebetür zum Esszimmer mit den gelblichen Butzenscheiben. Im Zimmer war es jetzt schattigdunkel, sehr kühl.

„Zehn wie immer", sagte er ruhig, fast gelangweilt.
„Nein. Es war nichts", raunzte ich zurück. Die Sechs in Mathe war schließlich nur ein Ausrutscher, weil ich gespickt hatte. Das konnte ich aber nicht zugeben, denn Unterschleif und Faulheit hasste er. Das war unkorrekt, wie er sagte. Er liebte Prinzipien über alles und sagte oft: „Wehret den Anfängen", auch wenn es nicht passte. Und für solche „Unkorrektheiten" hatte ich früher schon mal büßen müssen.

„Ich schreib doch lauter Dreier, das weißt du doch. Die Sechs mach ich locker wieder gut."
Vater streckte sich plötzlich wie eine stählerne Sprungfeder. Mein Widerspruch erregte ihn, war wohl der Wellenbrecher – auch weil ich lauter wurde. Das hasste er. Er hatte immer das letzte Wort:
„Was fällt dir eigentlich ein? Kannst du dir vorstellen, was wir uns für Sorgen um dich machen? Warum lernst du nicht? Warum kommst du so spät heim? Was glaubst du, wer du bist?" – Seine Augen wurden klein, stechend, fast schwarz; die sonst so sonore Stimme heller, eher schrill. Mit starker, sehniger Hand drückte, oder vielmehr schob er mich auf die schwarze Ledercouch und holte plötzlich, wie so oft in den letzten Jahren, einen Gegenstand zwischen Tisch und Sessel hervor: diesmal Mutters Handbesen, sonst war es oft sein altes Holzlineal.

„Fünf auf die rechte, fünf auf die linke", sagte er.
Zehn Tatzen! Mit dem Besen! Auf die Hand! Früher waren es immer nur drei oder fünf Tatzen gewesen und dann mit dem Lineal. Das steckte ich immer weg – ohne Tränen. „Ein echter Junge ist doch hart wie Kruppstahl und keine Heulsuse", pflegte mein Vater vor den Tatzen zu sagen und danach war immer alles vergessen, vergeben und vorbei. Und Vater sprach nie mehr darüber. Er ist nicht nachtragend, sagte Mutter oft, um mich zu trösten.

Diesmal aber zehn? Würde ich das aushalten? – Und plötzlich wusste ich: Nein, das ist ungerecht! Das will ich nicht akzeptieren! – Im selben Augenblick packte Vater krallenartig meinen linken Unterarm und drosch so fest auf meine Handfläche, dass ich laut aufschrie, so laut, dass es alle hören mussten. Mutter draußen, die Nachbarn und meine Geschwister oben. Das machte ihn noch wütender, denn wir waren doch eine heile Familie und niemand sollte wissen, dass wir Probleme hatten. Aber niemand kam mir zu Hilfe. Seine links streng gescheitelten Haare rutschten als schwarze Strähne schräg über die hohe Stirn nach unten, die scharfe Hakennase bebte, sein Gesicht wurde rot. – Es brannte höllisch, es tat richtig weh, viel mehr als sonst. Er hatte mit aller Kraft geschlagen. Immer wieder.
„Jetzt die andere." – „Nein." – „Die andere Hand." – „Nein. Das ist ungerecht." – „Die Hand! Ich prügele dich windelweich."

Da renne ich spontan weg, um den Nierentisch herum, flink wie ein Wiesel, aus dem Wohnzimmer raus. Ich will zur Treppe, in mein Zimmer hoch. Aber er, schmal und drahtig, drängt mich in die enge Garderobe, verstellt mir den Weg. Auf engstem Raum bieten wir uns die Stirn, er mit Zornesfalten im Gesicht, sein hagerer Hals steht auf dicken Sehnenseilen, die aus dem offenen Kragen hervorquellen. Und ... bevor er mich an der anderen Hand packen kann, schlage ich ihm mit aller Kraft meiner sechzehn Jahre die Faust in den Magen. Impulsiv einem lang gehegten Traum folgend. Er krümmt sich. Ich schlage mit der Faust blind auf den Kopf, treffe das Ohr. Seine schwarz gerahmte Brille fällt. Ich laufe in den Vorraum zur Treppe, er holt mich ein, prügelt mich mit dem schweren Handbesen – aber nur so lange, bis ich, wie ein waidwunder Wolf und wie von Sinnen, mit Händen und Füßen auf ihn eintrete. Immer wieder und wieder und so lange, bis er stöhnend am Boden liegt und sich nicht mehr rührt, die Hände schützend über dem Kopf, in der einen Hand seine Brille, ohne die er hilflos ist. Mein großer, allmächtiger Vater, am Boden so klein, so wehleidig. Völlig starr, leblos – besiegt! – Da erst merke ich, dass alles vorbei ist, dass er mir nichts mehr tun kann, dass ich der Stärkere bin. Ich schreie noch: „Du bist nicht mehr mein Vater. Du schlägst mich nie wieder". Dann renne ich die Treppe hoch, in mein Zimmer, schließe mich ein.

Erleichtert, aber weinend fiel ich auf mein Bett, wälzte mich wie ein geprügelter Köter hin und her, völlig verschwitzt, durcheinander. Tausend Gedanken durchströmten mich, alle zur gleichen Zeit: War er tot? So wie die tyrannischen Väter, die auf dem Einödbauernhof von ihren Söhnen per Zufall oder Unfall überfahren, in die Jauchegrube gefallen oder vom umgesägten Baum erschlagen wurden, so, wie ich es in Zeitungsartikeln gelesen und für mich gesammelt hatte? War er verletzt? Wie rächte er sich jetzt? Stürmte er gleich durch meine Tür? Verhaftete man mich? Oder gab er endlich Ruhe? Warum klopfte Mutter oder meine Schwester nicht bei mir an, sie hatten doch alles mitbekommen, und trösteten mich nicht, so wie früher das ein oder andere Mal? Musste ich jetzt weg von zu Hause? Wie sollte es weitergehen? Und in die Nacht dösend spürte ich zwischen Gefühlen der Schuld und Scham einen Gedanken, den aber immer wieder: Ich bin stärker als Vater, das macht er nie wieder, er ist nicht mehr mein Vater. Ich fühlte mich irgendwie erleichtert, auch stolz. Aber auch schuldbewusst und ängstlich. Ich wusste nicht, wie es weitergehen sollte.

Am nächsten Morgen war es dann fast so wie immer. Ich hörte Vater im Familienbad schnaufen, das er immer als Erster besetzte – diesmal etwas früher als sonst – und spürte die Schwingungen seiner Morgengymnastik mit den ruckartig rückwärts gerichteten Ellenbogenübungen und den Kniebeugen, bei denen er, fast militärisch, leicht nach oben sprang. Diesmal waren es unzählige mehr, er klopfte auch nicht an meine Tür wie sonst, als Zeichen, dass das Bad jetzt frei und ich an der Reihe sei.

Vater war dann nicht beim Frühstück, wohl schon früher zu Gericht gegangen. Das erleichterte mich. Ich hätte mich vor ihm geschämt und neue Vorwürfe erwartet. Aber auch Mutter und meine beiden Geschwister schauten mich nicht so richtig an, und wenn, dann vorwurfsvoll. Gesprochen wurde nur Belangloses. Kein Wort zu gestern Abend. Die Luft stickig und dünn. Ich war froh, endlich zur Schule gehen zu können. Einfach nur raus.

Ein paar schweigsame Tage später, die ich allein im Wald und in meinem Zimmer verbrachte, spürte ich zum ersten Mal so etwas wie frisch-würzige

Sommerluft in mir. Die Gewitterwolken hatten sich ausgeregnet, warme Sonne trocknete das Land. Ich kann das damalige Gefühl gar nicht richtig wiedergeben. Ich glaube, ich fühlte mich groß und aufrecht, fast so wie ein Basketball- oder Volleyballspieler beim Sprung zum Ball, wie wir das gerade im Sportunterricht übten. Klar und stark, als ob ich einen jahrelang getragenen schweren Rucksack abgelegt hätte.

Was ich damals nicht wusste: Mein Vater hatte fast zur selben Zeit im Sommer 1962 auch beruflich zu kämpfen. Bei Sichtung der schwarzen, schweren Holzkiste im Mai 2009 mit der kalkigen Aufschrift „Dr. Albrecht Wagner, Oslo/Irsee" fand ich mehrere vergilbte Privatakten von ihm, die seit 30 Jahren hier im Keller ruhten. Darunter einen leicht säuerlich riechenden, etwas verbogenen, grauen Leitz-Ordner mit der Aufschrift „Stellungnahme". Gleich hinter dem ersten blassrosa Trennblatt lag zuoberst der abgegriffene Brief des damaligen Präsidenten des Bundesfinanzhofes mit der Anfrage, ob mein Vater nicht Interesse habe, als Bundesrichter für den Bundesfinanzhof zu kandidieren.

Ich war ganz erregt, denn ich wusste, dass er damals unbedingt weiter aufsteigen, mehr Geld für die Familie verdienen wollte. Ich hatte oft die Auseinandersetzungen und Vorwürfe meines Vaters gegenüber meiner Mutter mitbekommen: „DU wolltest das Haus ... ICH muss dauernd dazuverdienen, Klausuren korrigieren ... die Bücher kosten mich so viel Zeit ... Du musst sparen". Und ich wusste, dass der Freund der Familie, Herr Dr. B., der eine Straße weiter wohnte, es zum Bundesfinanzhof geschafft und in Kürze sein Haus abbezahlt und sich ein zweites Haus gebaut hatte.

Beim Weiterwühlen stieß ich auf Vaters Briefwechsel mit Kollegen vom Bundesverfassungsgericht, an dem er Ende der 50er Jahre äußerst erfolgreich als wissenschaftlicher Assistenzrichter arbeitete. Diese Briefe waren akkurat geschrieben, gegliedert und glänzten zart vom Kohlepapier auf den dünnen Durchschlägen. Keine weißen Tipp-ex-Flecken. Auf den blassen Seiten starke Steno-Striche, die ich aber nicht mehr lesen kann. Darin begründete Vater, warum er sich lieber auf eine gleichzeitig beim Bundesgerichtshof in Karlsruhe freiwerdende Stelle als höchster Zivilrichter bewerbe und warum er fachlich besser für den BGH geeignet sei. Er verwies auf seine vielen, sehr gut rezensierten Veröffentlichungen, seine Bücher „Der Richter" und „Die Rolle der Justiz im Dritten Reich", die damals viel beachtete Standardwerke wurden, und seine von ihm Mitte der 50er Jahre in Bonn aufgebauten Kontakte zum Bundesjustizministerium, zu diversen Gremien und höchsten Gerichten. Ob und wie diese Aktivitäten heimlich oder ohne Wissen seiner Vorgesetzten dazu führten, dass er auf die Vorschlagsliste des Bayerischen Justizministers zur eventuellen Wahl als Bundesrichter beim BGH kam, ist dieser leicht vergilbten Akte nicht mehr zu entnehmen.

Eines Abends aber endete die Heimlichtuerei. Mutter schrie ihn in der Küche an, nach einem langen Wortwechsel: „Ich ziehe nicht mehr um. Sechzehn Mal reicht. Dafür haben wir hier gebaut. Wir brauchen endlich eine Heimat".

Und mein Vater entgegnete, selbstsicher, mit klarer, ruhiger Stimme: „Es ist eine einmalige Chance für uns. Wir wären alle Sorgen los. Ich bin auf der Vorschlagsliste an erster Stelle. Stell Dir vor, die Nummer Eins. Es ist eine einmalige Chance für mich. Wir hätten alle ...".

Seine Worte klangen in dieser sich wiederholend belehrenden Art wie eine Litanei, ein wichtiger Psalm. So lange wiederholte er seine Argumente, bis auch ich wagte, nachzufragen. Vater antwortete fast fröhlich, dass er nach Karlsruhe gehen wolle. Um jeden Preis. Ich glaubte, dass er zum Bundesverfassungsgericht wolle und wir in das Haus zögen, in dem wir vor Jahren schon mal gewohnt hatten, und weigerte mich spontan, mitzukommen, widersprach, bot ihm die Stirn, da ich keine Angst mehr vor ihm hatte. „Ich gehe jedenfalls nicht mit, ich mach hier mein Abi". Mutter und ich standen da wie eine Mauer, aufrecht und direkt nebeneinander. Ich spürte ihre Wärme und Wut und Energie. Da verstummte seine sonore Stimme, es wurde plötzlich still und er sah uns beide verwundert, fast ein bisschen verwundet an, zuckte mit den Augenlidern und sein rechter schmaler Mundwinkel hüpfte nervös zur Backe, immer wieder.

In den kommenden Wochen kommunizierten meine Mutter und er wochenlang mit kleinen Zettelchen, die auf dem Wohnzimmertisch lagen. „Essen steht im Kühlschrank", „Bin nicht da". Dieses Schweigen hielten sie anfangs konsequent durch und ich schloss mich diesem Gehabe gegenüber meinem Vater auch einige Tage an. Schwieg und schrieb. So lange, bis ich es nicht mehr aushielt und meine Eltern bedrängte, wenigstens doch so zu sein wie früher. Die Gespräche reduzierten sich nach diesen, für mich unendlich langen Wochen auf reine Imperativsätze oder Fragesatz-Konstrukte: „Wenn ich Dich frage, ob die Kinder schon die Noten in Mathe und Deutsch herausbekommen haben, könntest du mir dann bitte sagen, ob ich in Mathe jetzt nachhelfen muss und wir in Deutsch schon mal eine Stoffsammlung für den Aufsatz machen müssen?" oder „Bin müde! Bin oben!".

Aus dem grauen, dicken Ordner „Stellungnahmen" entnahm ich ein paar Tage später ein weiteres Schriftbündel, fest mit hell vergilbtem Leinenfaden verschnürt, kreuzweise und mit Doppelknoten, und der Aufschrift „Dissertation". Als ich diese Papiere durchlas, verstand ich erstmals, warum er nie Bundesrichter geworden war und wir nie mehr umgezogen sind. Vater hatte Anfang 1935 unter Professor Carl Schmitt, einem renommierten Staatsrechtsjuristen mit vielen Veröffentlichungen während der Nazizeit, der später – nicht entnazifiziert – sogar am Grundgesetz der BRD mitarbeiten konnte, schon als Student im 7. Semester eine Doktorarbeit geschrieben mit dem Titel „Der Kampf der Justiz gegen die Verwaltung in Preußen". Und nach Abschluss der Promotion hatte er das erste juristische Staatsexamen mit Auszeichnung bestanden und wurde noch im selben Jahr Rechtsreferendar. Seine Promotion enthielt neben rechtsgeschichtlichen Ausführungen von Montesquieu bis zu Bismarck auch Zitate nationalsozialistischen Schriftgutes, darunter auch Sätze wie: „Dem überzeugten Nationalsozialisten ist es selbstverständlich, dass auch der Führer im Ernstfall Richter sein kann." Dies bezog sich eindeutig auf die von Hitler persönlich angeordneten Morde an SA-Führer Ernst Röhm im Juni 1934 in Bad Wiessee und an ungefähr 200 weiteren SA-Führern und Vertrauten Röhms. Das wusste mein Vater – als bestimmt herausragender Student bei Prof. Schmitt – vermutlich schon damals genau, obwohl Hitler seine Befehle in der politischen Öffentlichkeit und im Völkischen Beobachter damals kaschierte mit dem auch heute noch so oft verwendeten Wort Röhm-„Putsch". Und Vater kannte bestimmt alle aktuellen Gesetze seit dem Ermächtigungsgesetz von 1933 und wusste sicher auch, dass diese Morde sowie die Liquidierung politischer Gegner, wie beispielsweise 1934 des letzten Kanzlers der Weimarer Republik, Kurt von Schleicher, als sog. „Staatsnotwehr" durch Gesetz für rechtens erklärt wurden. Und er wusste, dass für einen Juristen Mord immer Mord bleiben wird und immer zu verurteilen ist. Eine Grundethik, unumstößlich, damals wie heute.

Ich erinnere mich heute auch, dass Vater in den letzten Monaten nach dem großen Streit mit Mutter viele Zeitungsartikel zu Juristen mit umstrittener Nazi-Vergangenheit sammelte, gerade solchen, die trotz ihrer Verstrickung in das Dritte Reich hohe gesellschaftliche Stellungen einnahmen und immer wieder im Spiegel erwähnt wurden, wie Staatssekretär Globke, Prof. Maunz, Prof. Schelsky und andere; dass er danach noch schweigsamer und verschlossener wurde und viel in seinem oberen Stübchen, wie wir das nannten, arbeitete. Er hatte da nie Besuch, telefonierte nie. Die eingehende Post an ihn war spannend für uns, da wir so versuchten, zu erkennen, was er vorhatte. Post kam aus München vom Bayerischen Justizminister, aus Karlsruhe vom BGH, aus Bonn vom Bundestag. Als ich ihn einmal zögernd nach den Briefmarken fragte, die ich damals voller Leidenschaft sammelte, gab er mir wortlos die leeren Umschläge, alle für mich. Früher hatten wir gemeinsam die Marken abgelöst und sie geteilt. Jeder hatte sein eigenes Album gehabt.
Mutter fragte ich oft, ob sie wisse, wie es weitergehe. „Wir reden nicht mehr miteinander", sagte sie nur. „Er sagt mir auch nichts". Ich erlebte die Frage nach der Zukunft damals wie ein dunkles Loch und Vater blieb angespannt, wurde noch hagerer, lächelte nie. Er bekam auch seine ersten grauen Haare. Das weiß ich noch genau, denn als Mutter ihn, vielleicht etwas höhnisch, darauf hinwies, zuckte er fast so zusammen wie nach meinem Boxhieb in den Magen, schaute mit leeren Augen in die Abendbrotrunde und ging gebeugt nach oben.

Die Stellungnahme meines Vaters, die ich in der schwarzen Kiste fand, umfasste insgesamt 19 Schreibmaschinenseiten mit 29, seine Argumente genau belegenden Fußnoten und war an den Bayerischen Justizminister gerichtet. Sie liest sich wie ein Urteil und weist alle Verdienste und Erfolge meines Vaters als Richter in einer jungen Demokratie auf. Sie verweist aber auch darauf, dass er 1935, im 7. Semester, mit nur 22 Jahren bei der Niederschrift seiner Doktorarbeit noch sehr jung war und 1935 auch viele Deutsche und das Ausland das Schreckenspotential Hitlers nicht erkannt hätten. Persönliche Läuterungen oder Entschuldigungen blieben allerdings diffus formuliert. Er selbst bleibt in und zwischen den Zeilen als Person, die hinter dem Richter steht, unsichtbar. Unausgesprochen und nicht thematisiert bleibt auch die Frage nach der Chancengleichheit gleich guter Richter in dieser jungen Demokratie, nach Richtern mit viel und schwerer Nazivergangenheit und Richtern mit nur geringer Beteiligung. Er muss lange an dieser Erklärung zu seiner Bewerbung gearbeitet haben, denn es gibt vier Versionen davon. Dass Prof. Carl Schmitt als sein Doktorvater auf viele seiner Formulierungen Einfluss genommen habe, sagte er später immer mal wieder. Damals sah ich das als unglaubwürdige Entschuldigung und Lebenslüge an. Heute glaube ich eher ihm, denn Schmitt war, wie man heute weiß, Kronjurist der neuen Machthaber und schrieb schon 1934 in der Deutschen Juristen Zeitung (DJZ 1934, Heft 15), der Führer sei immer der Richter und aus dem Führertum fließe das Richtertum.

Vermutlich wollte mein Vater, der bestimmt alles von Schmitt gelesen hatte, seinem Doktorvater mit den Formulierungen in der Doktorarbeit schmeicheln. Er bekam immerhin mit einem Summa cum laude die nötige Anerkennung von ihm.

Und dann steigt die Erinnerung auf an den Tag, als aus dem schwarzen Loch plötzlich ein helles wurde: Es muss etwa ein halbes Jahr später gewesen sein, Anfang 1964, an einem Samstagabend. Unvermittelt und plötzlich sagte er damals: „Ich glaube, wir bleiben hier. Die Sache hat sich erledigt." Nicht mehr. Nur diese zwei Sätze. Er sah traurig aus, fast geknickt, seine stechend klaren Augen waren leicht gesenkt, die Stimme klang belegt, etwas stumpf. Die schlanken Finger seiner Rechten streichelten die linke Hand und hielten sie dann schraubstockartig umklammert. Ich spürte, dass er sich überwinden musste, das zu sagen. Es klang wie eine Niederlage. Wir aber freuten uns, wir verstanden. Und auf die spontane

Nachfrage meiner Mutter sagte er: „Die Hintergründe erzähl ich dir später. Jetzt etwas anderes: Wer geht mit mir morgen auf den Brünnstein?"
Er ging immer sehr gerne in die Natur, in die Berge. Das wussten wir alle, aber seit Jahren hatte er wegen seiner Karriere nie mehr Zeit dafür. Keiner von uns wollte mitgehen, wir alle hielten seit Monaten Abstand zu ihm. So ging er am Sonntag alleine los.

In der Akte steckte dann noch ein Bündel hervorragender Referenzen und Gutachten zu seiner ausgezeichneten juristischen Begabung und Qualifikation als Bundesrichter. Schön aufgelistet nach Rangfolge der Professoren, Bundesgerichte und Ministerien, mit mehreren Kopien. Kein Schriftstück aber dazu, dass der Richterwahlausschuss damals wegen der Öffentlichkeitswirkung seiner Promotion den jüngeren Kollegen Dr. F. bevorzugt hatte, der erst nach 1945 promoviert hatte und kürzer Richter war als er.
Und ich fand Vaters Beförderungsurkunde zum Senatspräsidenten am Bayerischen Obersten Landgericht, der höchstmöglichen Position, die Bayern für Richter vergeben kann. Diese Beförderung hatte er nie mit uns, der Familie, gefeiert, sie wohl nur bei Gericht entgegengenommen und als selbstverständlich betrachtet.
Vater wollte zu viel. Zu viel für mich, denn ich sollte auch ein Spitzenjurist werden, mit aller Gewalt. Zu viel für sich, er wollte die rote Robe, unbedingt. Über seinen „Kampf" und meinen „Kampf" haben wir nie mehr gesprochen.
Er redete nicht mehr viel, er schrieb unentwegt, er urteilte nur, richtete. Damit verlor er die Anerkennung und Liebe seiner Familie und er verlor sein Traumziel, höchster Richter zu werden. So vergrub er sich in seine eigene logisch-juristische Welt, seinen Gedankenkosmos, aus dem er seine intellektuelle Befriedigung, Erfolge und wohl auch Freude zog.
Er starb ein Jahr nach seiner Pensionierung an einem Hirntumor, einsam auf der Intensivstation.

Gerda Adlhoch
OPA

Immer wieder hatte ich meiner Mutter in den Ohren gelegen, diese Sommerferien noch einmal bei meiner Oma in Donaustauf verbringen zu dürfen. Ich war damals 15 Jahre alt und besuchte die 9. Klasse der Realschule in Roding. Im kommenden Jahr stand die Abschlussprüfung an, da würde ich keine langen Sommerferien mehr haben, denn die Lehrlingsausbildungen begannen oft schon am ersten August. Es war also die letzte Möglichkeit, eine unbeschwerte Zeit abseits des engsten Familienkreises zu verbringen. Außerdem hatte ich Sehnsucht nach meiner Oma. Sie wohnte auf einen Bauernhof, den sie zusammen mit der Familie bis in die 60er Jahre bewirtschaftete. Im ersten Stock lebten mein Onkel Karl, Tante Fanny, Cousin Karl und Cousine Irene. Eine nette Verwandtschaft, wo ich mich behütet und wohl fühlte.

Schließlich konnte ich meine Mutter überzeugen. Auch meine Großmutter war einverstanden und freute sich auf meinen Besuch. Ich war glücklich. Am ersten August war es so weit. Mit einem Linienbus fuhr ich allein von Roding nach Regensburg. Dort holte mich Oma ab und gemeinsam ging es dann mit einem Stadtbus zu ihr nach Hause. Bei strahlendem Sonnenschein setzte ich mich nach unserer Ankunft auf die neu erbaute Terrasse, die zur Wohnung meines Onkels gehörte. Drei Jahre zuvor, ein Jahr vor Opas Tod, hatte ich ebenfalls die Sommerferien auf dem Hof verbringen dürfen und mir gingen viele Erinnerungen an den Großvater durch den Kopf. Ich sah ihn, Pfeife rauchend, in einem Ohrensessel in der Küche sitzen, sah den hochgezwirbelten, weißen Oberlippenbart und seinen strengen Blick. Viel geredet hatte ich nicht mit ihm, denn er zeigte sich meist wortkarg. Schon aus diesem Grund wusste ich wenig über sein Leben. Plötzlich fiel mein Blick auf einen Stapel uralter Zeitungen, die wohl im Zusammenhang mit den Umbauarbeiten wieder aufgetaucht waren und jetzt unbeachtet auf den Fliesen lagen. „Vorwärts" stand in großen, schwarzen, altmodischen Buchstaben auf den Zeitungen. Dieser Titel kam mir sofort bekannt vor und weckte meine Neugierde. „Vorwärts", war das nicht das Zentralorgan der Sozialdemokratischen Partei, das ab 1891 als Tageszeitung erschien und 1933 von den Nazis verboten wurde? Ein genauerer Blick bestätigte meine Vermutungen. Alle Exemplare stammten aus der Zeit vor Hitlers Machtübernahme. Sogar die letzte Ausgabe vom 28.2.1933 hatte Opa noch aufgehoben. War er Mitglied bei den Sozialdemokraten gewesen? Vielleicht sogar politisch engagiert? Dieser Frage wollte ich unbedingt nachgehen. Es interessierte mich, denn im Geschichtsunterricht des vergangenen Schuljahres hatte das Dritte Reich im Mittelpunkt gestanden und ich hatte viel Schlimmes über diese Zeit erfahren.

Meine Oma wollte ich zuerst befragen. Sie musste doch am ehesten etwas wissen. Sehnsüchtig wartete ich auf ihre Rückkehr. Sie pflückte gerade noch im großen Obstgarten ihres Bruders Johannis- und Stachelbeeren. Als sie zurück war und ich ihr in der Küche beim Waschen und Sortieren des Obstes half, erzählte ich ihr von den alten Zeitungen und wollte wissen: „War Opa bei den Sozialdemokraten?" Ihr Gesicht verfinsterte sich schlagartig. Sie sah mich unwillig an: „Lass mich in Ruhe mit dieser Sache. Ich will daran nicht mehr erinnert werden! Es war eine schreckliche Zeit für mich." Diese abweisende Antwort machte mich erst recht neugierig. Wieso wollte sie mir nichts erzählen? Was war damals geschehen? Nachdem sie sich jedoch zu diesem Thema auch weiterhin bedeckt hielt, war ich richtig enttäuscht. Meine ganze Hoffnung richtete sich jetzt auf meinen Onkel. Nach dem Abendessen, bei einem Stück Schokolade, stellte ich ihm die gleichen Fragen wie Oma. Doch auch er zeigte sich ungewöhnlich verschlossen. Er wisse nichts über die politische Arbeit seines Vaters, außer dass er von 1928 an Parteimitglied gewesen sei. Ohnehin liege doch alles schon so lange zurück, entschuldigte er sein angebliches Nichtwissen. Mein Eindruck aber war, dass auch er mehr wusste, wie schon meine Großmutter, aber nicht darüber sprechen wollte. Weitere Fragen wagte ich ihm nicht zu stellen.

Während der ansonsten unbeschwerten Zeit auf dem Bauernhof grübelte ich immer wieder über die Vergangenheit meines Opas nach. Gab es ein Geheimnis, irgendwelche Vorfälle, von denen ich nichts erfahren sollte oder durfte? Das heimliche Durchblättern der alten „Vorwärts"-Zeitungen brachte mich auch nicht weiter. Wer konnte sonst etwas wissen? Eine Hoffnung blieb mir noch: Meine Mutter. Sie war die jüngste Tochter und verehrte ihren Vater sehr. Die beiden hatten ein herzliches Verhältnis. Vielleicht wusste sie etwas und war auch bereit, es an mich weiterzugeben.

Gegen Ende August waren die Ferien bei meiner geliebten Oma dann zu Ende und ich kehrte in mein Elternhaus zurück. Es war gleich am ersten Abend, als ich – nach wie vor neugierig – meine Mutter zum Schicksal meines Opas befragte. Und ich war nicht wenig erstaunt, dass sie sofort darauf einging und mir dann folgende Geschichte erzählte, an die sie sich noch ganz genau erinnern konnte:

„Vor 39 Jahren gab es ein Vorkommnis, das unsere Familie in Angst und Schrecken versetzte. Ich war damals gerade mal 13 Jahre alt. Mein Vater war als Soldat im 1. Weltkrieg in Frankreich an die Front gekommen. Traumatische Kriegserlebnisse hatten ihn in der Folge zum Pazifisten gemacht. Danach schloss er sich den Sozialdemokraten an. Dort wollte er seine neu gewonnenen politischen Überzeugungen einbringen. Deshalb trat er 1928 dieser Partei bei und ließ sich bei uns am Ort in den Gemeinderat wählen. Als Hitler 1933 die Macht übernahm, bekam die Gemeinde einen NSDAP-Bürgermeister und so wurde die politische Arbeit für Andersdenkende sehr schwierig.

Nach einer der oft turbulenten Gemeinderatssitzungen traf man sich, wie üblich, noch im Wirtshaus. Dort wurde weiter lautstark und engagiert diskutiert und es floss dabei auch viel Bier. Die Zunge deines Opas lockerte sich einmal offenbar besonders und er wetterte gegen Hitler und seine Politik. Was er nicht bemerkte oder nicht bemerken wollte: Am Nebentisch saßen einige Nazis. Am nächsten Abend, dein Opa kam gerade von seiner Arbeit zurück, standen zwei Männer von der Gestapo vor unserer Tür, die ihn sprechen wollten: „Jakob, wir haben den Auftrag, dich mitzunehmen. Du sollst in Untersuchungshaft kommen, weil du gegen die Nazis gehetzt

hast", erklärten sie ihm. Weitere Informationen gab es nicht. Nachzufragen traute sich niemand. Deine Oma war verzweifelt, als ihr Mann abgeführt wurde, am Boden zerstört.
Ein schlimmer Tag für die Familie! Sechs Kinder gab es zu versorgen. Opa arbeitete als Maurer, Oma kümmerte sich um den Bauernhof. Der Gedanke, dass Opa eingesperrt werden sollte, war unerträglich. Wie sollte sie allein die große Familie durchbringen? Unvorstellbare Angst und Ratlosigkeit machten sich breit. Auch wir Kinder liefen völlig verstört und verängstigt umher. Banges Warten bestimmte unser Leben. Was würde passieren? Wie sollte das nur enden ..."
An der lauten und aufgeregten Stimme meiner Mutter merkte ich, dass ihr diese Erinnerungen immer noch stark zusetzten. Trotzdem erzählte sie weiter:
„Es waren drei nicht enden wollende Tage voller Warten und Hoffen. Dann, es war gegen Abend, wir saßen alle am Küchentisch, ging plötzlich die Tür auf. Mit einem Mal verstummten die Gespräche. Atemlose Stille: In der Tür stand kein anderer als unser Vater. Ungläubige Gesichter, alle Blicke richteten sich auf ihn. Er sei entlassen worden, frei, erklärte er mit rauer Stimme. Die Anspannung im Raum löste sich langsam, Freude und Erleichterung machten sich breit. Fragen stellten wir ihm zunächst nicht, wir waren einfach froh, ihn wiederzuhaben. Einige Tage später erfuhren wir von meiner Mutter, dass sich der Bürgermeister für seine Freilassung eingesetzt hatte, obwohl dieser Mitglied der NSDAP war. Nach seiner Rückkehr normalisierte sich unser Leben allmählich wieder. Allerdings musste er deiner Oma versprechen, nicht mehr ins Wirtshaus zu gehen, woran er sich schweren Herzens hielt. Auf seine Maß Bier wollte er aber trotzdem nicht verzichten. So drückte er mir regelmäßig seinen leeren Maßkrug in die Hand. Ich musste zum Wirt im Ort gehen, den Krug auffüllen lassen und ihn nach Hause bringen. An seine weitere Mitarbeit im Gemeinderat habe ich keine Erinnerung mehr. Allerdings äußerte er sich mehrmals mir gegenüber negativ über seine Parteikollegen, auch war er ziemlich enttäuscht, weil sie mit den Nazis kooperierten. Das Ende der Naziherrschaft nahm er mit Erleichterung zur Kenntnis. Als ihn Parteigenossen fragten, ob er für die SPD beim Wiederaufbau mitarbeiten wolle, lehnte er ab.

Aber als der Bürgermeister im Zusammenhang mit der Entnazifizierung selbst ins Visier der amerikanischen Besatzer geriet, setzte er sich mit Erfolg für dessen Freilassung ein."

Ich hatte meiner Mutter gespannt zugehört. Nachdem sie ihre Geschichte beendet hatte, war sie müde geworden und ging ins Bett. Vielleicht waren durch ihre aufwühlende Erzählung auch wieder Erinnerungen an das bittere Schicksal ihres älteren Bruders Jakob wachgeworden. Ich wusste, dass er das einzige Kind in der Familie war, das auf das Gymnasium gehen durfte. Er sollte, wie zur damaligen Zeit üblich, später Pfarrer werden. Leider musste er im Russland-Feldzug auf der Krim sein Leben lassen. Ein schmerzlicher Verlust damals, auch für meine Mutter. Wegen seiner guten Schulleistungen war Jakob für sie ein großes Vorbild gewesen.

Lange ging mir die Geschichte meiner Mutter noch durch den Kopf. Nicht auszudenken, wenn mein Opa, wie so viele politische Gegner und Widerstandskämpfer des NS-Regimes, in einem Konzentrationslager gelandet wäre. Auch beschäftigte mich immer wieder die Frage, wie es Opa wohl dabei gegangen ist, sich für einen politisch ganz anders Denkenden einzusetzen – wie den NSDAP-Bürgermeister. Fragen, deren Antworten mich brennend interessieren würden, die aber leider nie mehr geklärt werden können.

ANKOMMEN

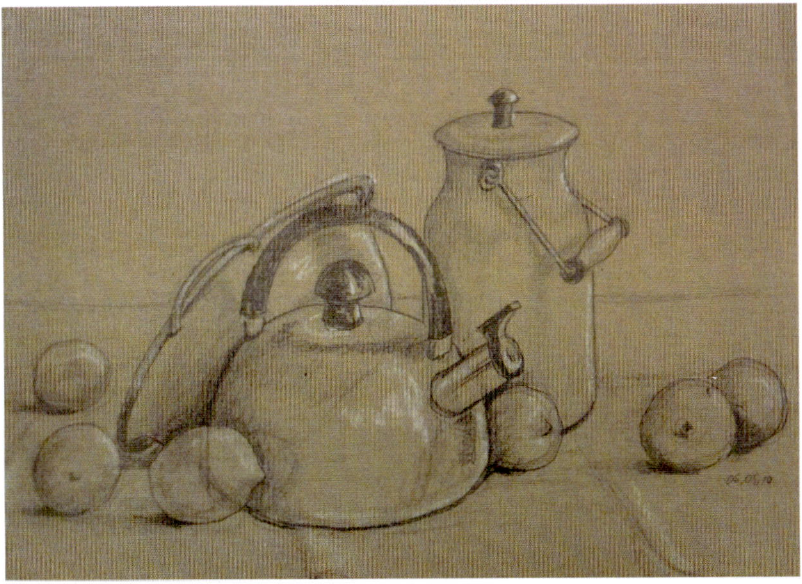

Roswitha Schulz
DIE ZUGEREISTEN

Fünf Paar Kinderbeine in ausgetretenen Schuhen und heruntergerollten Kniestrümpfen baumeln zum Mittagessen unter der Küchenbank in einem Pfarrhaus im Brandenburgischen. Dazu gehören magere Kinderkörper mit dünnen Zöpfen und Sommersprossen.
Die Mädchen kichern verlegen. Sie haben Hunger und warten auf die Pilzsuppe, die die Mutter austeilt. Die zwei Lindemannkinder, die ihre Mutter letzten Winter mit Schwindsucht begraben haben, beten leise mit unserem Vater: „Komm, Herr Jesus, sei unser Gast ... Amen". Ich bewege nur die Lippen, da mir die Spucke im Mund zusammenläuft. Ich freue mich auf das Holunderbeerkompott, von dem Holunderbeerstrauch am Fliederberg. Zuerst die wabbelige Pilzsuppe, die bräunlich auf dem Teller schwappt. Die Pilzstücke schlucke ich aber nicht hinunter: „Muss aufs Klo", murmle ich und renne mit dicken Backen auf den Hof, aber nicht zum Plumpsklo, sondern ich spucke die Pilze vor die Hühner, die laut gackernd zusammenlaufen. Dann halte ich mein Gesicht unter das eiskalte Wasser der Pumpe. Leider hört der Papa die Hühner flattern: „Witha bekommt heute kein Holunderbeerkompott!" und zu mir: „Du bleibst heute so lange sitzen, Krötzchen, bis du den Teller leergegessen hast". Dieses Mal sagt er wenigstens nicht: „Denk an die armen Stadtkinder, wie gern die deine Suppe essen würden!"
Ich heule nicht, weil ich weiß, dass meine Mutter mir ein Kompott aufheben wird. Und am Tisch sitzen bleiben, das muss ich so oft, das macht mir doch nix! Aber wenn er „Krötzchen" sagt, ist mein Vater böse auf mich.

Am Nachmittag kommt Vater vom Hof, er hat die Tiere versorgt. Sein verbeulter Borsalino, den er den ganzen Tag, selbst beim Essen, aufbehält, hat Spinnweben vom Ziegenstall drauf. „Wir gehen in die Blaubeeren, hopp, hopp, holt eure Körbchen."
Eigentlich wollen wir mit Wolle, Itze und den Lindemannkindern ‚Räuber und Prinzessin' im Wald spielen. Das darf mein Vater aber nicht wissen, weil dort noch Schrott von den Bomben herumliegt. Wir fahren mit dem Fahrrad an den Bogensee. Ich bei meinem Vater auf dem Gepäckständer. „Beine hoch!" Dabei komme ich gar nicht in die Speichen. Die Metallstreben drücken Muster in meinen Po und die kurze Turnhose. Meine kleine Schwester sitzt eingequetscht auf einer Pobacke vorne auf der Lenkstange bei unserer Mutter.
Unsere große Schwester fährt allein. Sie kann nur im Stehen fahren. Da sie auf dem verrosteten Herrenfahrrad nicht über die Stange kommt, muss sie untendurch treten und verheddert sich im Saum ihres Trägerrockes. „Selber doof", ruft sie, denn die beiden Försterjungen von gegenüber zielen mit dem Ball auf ihr Rad.
Meine kleine Schwester und ich trödeln beim Sammeln, die Sonne und der Schweiß kleben unsere Nikis an den Rücken. Dicke Fliegen sitzen auf den Blaubeeren, die mag ich nicht pflücken. Mein Vater hat seine Brille aufgesetzt und sieht so schlau aus wie unser Lehrer Herr Warnicke. Vater pfeift den ‚Jäger aus Kurpfalz' und hat Steinpilze aus dem Tannenwäldchen in seinem Korb.
„Hans, du machst doch immer, was du willst, wir wollen morgen Blaubeeren verkaufen!" Meine kleine Schwester und ich hopsen sofort hoch, als der gewohnte Wortwechsel ausbricht: „Du, morgen fahren wir nach Berlin!"
Wir springen viel zu früh aus dem Bett. Ich ziehe mein Lieblingskleid mit den Flügelärmeln an, das meine Mutter uns zu Pfingsten aus Fallschirmseide vom Fliegerhorst genäht hat. Sie radelt mit uns ‚beiden Kleinen', eine vorne, eine hinten, den Blaubeerkorb auf dem Rücken, in den Nachbarort Klosterfelde, dieses Mal tut vor Aufregung gar nichts weh.
Die Heidekrautbahn hat Verspätung. Als sie heranrattert, riecht es schön nach Rauch und ich spüre eine blinde Sehnsucht nach der Ferne.
Wir klettern auf die gelben Holzbänke. Die zwei Blaubeerkörbe verstaut

meine Mutter unter den Bänken. Sie zieht ihren kleinen, roten Hut aus der Tasche und setzt ihn schnell auf. „Guten Tag, Personenkontrolle, die Personalausweise bereithalten!" Zwei kasernierte Volkspolizisten steigen grüßend, die Hände an den Tellermützen, am Berliner Kontrollpunkt Schönfließ ein, drängen sich durch die Reihen und schauen ab und an unter die Sitze. „Ja so, was haben wir denn da", ein junger Polizist wendet sich zu dem dicken Mann hinter uns, der schon die ganze Zeit so geschnauft hat. „Och, das ist für meine kranke Mutter in Ber..." Er guckt staunend auf den Korb mit Steinpilzen, den die Vopos unter seinem Sitz hervorziehen.

Meine Mutter kann kaum atmen. Wenn das herauskommt, dass sie als Pfarrfrau Blaubeeren nach Westberlin verschiebt. Was denken die Leute von uns, das findet sie wichtig.

„Los, zankt euch ein bisschen", flüstert sie. Sofort ziehe ich meine Schwester an den Zöpfen; die hat das nicht mitbekommen und tritt mich gegen das Schienbein.

„Mitkommen!", der dicke Schnaufer wird mit seinem Korb abgeführt.

„Na, junge Frau, immer Ärger mit den Gören." Der Vopo ist schon beim Hinausgehen. Meine Mutter errötet. Richtig hübsch sieht sie aus.

Der hagere Obsthändler am Bahnhof Gesundbrunnen in Westberlin führt uns in seinen Lagerraum. Es duftet nach Ananas, Apfelsinen und Bananen. Er fingert an unseren

Blaubeeren herum. „Die sind ganz schön matschig, die sind wohl von vorgestern! Da kann ich Ihnen nur acht Mark für den Korb geben." Er fischt für jeden von uns einen roten Drops aus einem schmuddeligen Bonbonglas. „Wissen Sie, ich bekomme jetzt so viele Blaubeeren angeboten, man muss sehen, wo man bleibt."

Meine Mutter kauft eine rote Packung ‚Maxwell Coffee' bei Woolworth und für uns je einen ‚Peppermint Chewing gum', der den Mund schön kühl macht, und ein Kilo Apfelsinen. Meine kleine Schwester will gleich in die Schale beißen. Dass die so dumm ist!

An der großen Kinowerbewand am Bahnhof Gesundbrunnen sind Almwiesen, schwarzgefleckte Kühe und Mädchen mit viel Busen in roten Dirndln mit weißen Schürzen aufgemalt.

„Nächstes Mal gehen wir ins Kino, versprochen!"

In Westberlin kann man für eine Ostmark ins Kino gehen, weil die Kultur auch für die armen Ostberliner erschwinglich sein soll. Ich schäme mich meist an der Kinokasse, weil meine Mutter ihren DDR-Personalausweis zeigen muss und alle Leute sehen, woher wir kommen und dass wir nicht so schick sind wie die.

Unsere Dorfkirche steht nur hundert Meter vom Pfarrhaus entfernt. Wenn wir die schwere Eichentür der Kirche öffnen, müssen wir uns zu zweit dagegenstemmen, meine kleine Schwester und ich. Ein feuchter Geruch dünstet aus gekalkten Wänden. Es ist dämmrig und kühl wie im Wald. Wir tappen barfuß über die ausgetretenen Steinfliesen. Dann klettern wir die spindlige Holztreppe zur Empore hoch, wo die Orgel steht und unsere große Schwester auf dem Orgelbänkchen thront und an ihren Fingernägeln kaut: „Ihr könnt ruhig einen Schritt schneller gehen, ich muss noch Hausaufgaben machen!" Wir schieben uns um die silbernen Orgelpfeifen herum und setzen uns beide zusammen auf den dicken Holzbalken, den Blasebalg der Orgel. Wenn wir ihn unten haben, springen wir wieder auf und lassen ihn langsam hochkommen und dann setzen wir uns erneut mit einem kräftigen Schwung drauf, das ist ein Spaß!

Jetzt kann unsere große Schwester Orgel üben für den Gottesdienst am Sonntag. Sie greift mit ihren kleinen Händen in die weißen und schwarzen Tasten und tritt mit dem rechten Fuß für die Bässe flink auf die Holzpedale. Gewaltig braust die große Orgel durch die kleine Kirche: ‚Ein feste Burg ist unser Gott …' Ein Schauer überläuft mich, diesen Choral von Martin Luther mag ich am liebsten.

Beim Gottesdienst am Sonntag wird mein Vater da vorn an dem alten Schnitzaltar stehen, der laut Prendener Chronik aus dem Jahre 1611 stammt. Mein Vater wird predigen und seinen wallenden Talar anhaben mit dem weißen Bäffchen um den Hals und mit den segnenden Armen wie ein fliegender Zauberer aussehen.

Ich werde mit meiner Mutter und meinen Geschwistern in Sonntagskleidern in der ersten Reihe auf den steilen Kirchenbänken sitzen und die geschnitzten Figuren am Holzaltar wieder und wieder studieren. Dabei buchstabiere ich die lateinischen Inschriften.

Der liebe Gott gehört für mich zur Familie.

Über Politik reden die Erwachsenen wenig mit uns. Der Briefträger, Hans Schubke, dem sie im Krieg einen Arm abgeschossen haben, war, wie Mutter sagt, ein Nazi. Aber ein guter. Was immer das heißt. Jetzt ist er ein Kommunist, auch wieder ein guter. Mein Vater verbessert: Ein Edelkommunist!

Sonnabendabend: Der Vater sitzt gerade an der neuen Musiktruhe, die hat unser Schwein Nucki mit dem Leben bezahlt. Er hört seine Lieblingsplatte aus dem Westen, ‚Hamps Boogie Woogie', da klopft Herr Schubke an die Tür im Pfarrhaus, schaut sich unsicher um und flüstert: „Herr Pastor, Sie haben gestern einen Hirtenbrief von der Evangelischen Synodalkirche bekommen. Wenn Sie den am Sonntag auf der Kanzel verlesen, werden Sie abgeholt!". Ich kann es hinter der Küchentür hören.

‚Abgeholt', das ist für mich ein schlimmes Wort. Immer wieder werden Leute abgeholt und kommen nicht wieder.

Mein Vater geht diese Nacht im Herrenzimmer auf und ab, die Arme auf dem Rücken.

„Denk an die Kinder", hat meine Mutter ihm sicher zugeredet. Das sagt sie oft.

Mein Vater hat ein schmales Gesicht, dem ein tatkräftiger Ausdruck anhaftet. Das dunkle Haar ist wie bei den Filmstars auf alten Plakaten nach hinten gekämmt. Auf der einen Seite ist er der philosophisch und seelsorgerisch denkende Pfarrer, auf der anderen ein junger Mann mit einem großen Lebenshunger. Aufgrund einer strengen Erziehung fühlte er sich verpflichtet, sich freiwillig zur Wehrmacht zu melden. Dort kämpfte er zuletzt als Leutnant der Panzerartillerie in Dänemark. Er kam in englische Gefangenschaft. Sein achtzehnjähriger Bruder Herbert ist 1942 in Russland gefallen, sein zweiter jüngerer Bruder Helmut hat ein Glasauge und nur ein Bein. Mein Vater lehnt es ab, über die Zeit im Krieg zu reden. Er hat in seinem kurzen Leben wohl nicht die innere Ruhe gefunden, die den Aufruhr seiner Seele gebändigt hätte.

„Der Hirtenbrief ist ein Aufruf zu Protestaktionen gegen Stalin und Ulbricht und die ganze Mischpoke", informiert er die Mutter.

Es ist Sonntagmorgen: Wir sitzen in der Kirche in der ersten Reihe.

Meine Knie zittern ein bisschen und mir ist schlecht. Ich stoße meine Mutter an: „Siehst du Wolles Papa?" Der kommt sonst nie in die Kirche, der war, weil er Kommunist ist, lange im KZ und man vermutet, dass er Tbc hat. Das weiß meine Mutter. Er ist Funktionär bei der Kreisleitung Bernau. Hüstelnd setzt er sich in die dritte Reihe hinter uns, neben ihm sitzt Wolle, eigentlich Wolfgang, der ging mal in meine Klasse. Sein Gesicht ist heute sauber und rosig. Wolle ruft meiner besten Freundin, Monika, oft „Dickfrosch" hinterher. Das lässt Moni nicht auf sich sitzen. Wenn ich ihr helfe, ihn zu verprügeln, bekomme ich auch Kloppe.
Unser Vater schreitet im Talar langsam die Stufen zur Kanzel hoch, in der Hand den offenen Hirtenbrief. Er wendet sich zur Gemeinde und lächelt. Konzentriert und leise liest er den Brief vor. Keiner rührt sich, es herrscht Stille. Niemand zeigt, was er denkt! Dann beginnt Vater nach einer Pause mit seiner Predigt über 'Die Freuden der Pflicht'.
„Irgendwo ganz oben sitzt jemand, der mich gedeckt hat", ist sich Vater sicher.

Es gibt vieles, was uns die Eltern verheimlichen. Wir haben ein Dienstmädchen, sie ist mollig und heißt Christel. Sie singt oft traurige Küchenlieder wie: ‚Mariechen sitzt weinend im Garten ...' Meine Mutter nennt sie nicht Dienstmädchen, sondern sie ist im ‚Pflichtjahr', weil es im Krieg so hieß. Christel ist 20 Jahre alt und „von den Russen – du weißt schon ..." Die Freundin von meiner großen Schwester, Solveig, weiß es genau, ihre Mutter hat davon eine schwere Krankheit, Syphilis oder so ähnlich, bekommen, weil sie auch zu den Frauen und Mädchen gehörte, die in der bewussten Nacht im Mai fünfundvierzig von den Russen ins Wäldchen an der Mühle getrieben worden sind. Die Russen sind jetzt zehn Kilometer weiter in der Kreisstadt Bernau stationiert. Sie dürfen die Kaserne nicht verlassen und ringsherum ist ein Metallzaun. Der Überlandbus fährt einen großen Bogen um das Gelände. In der DDR ist es verboten, über die Vergewaltigungen der Russen 1945 zu reden.
Unsere Mutter hat den Mut, im Winter fünfundvierzig mit einem flüchtenden ostpreußischen Bauern bis nach St. Peter-Ording durchzukommen. Wir drei Kleinkinder sitzen oder liegen auf einem Pferdewagen im Stroh.

Mutter fährt mit dem Rad nebenher. Wir bleiben bis zum Sommer sechsundvierzig an der Nordsee. Diese Flucht hat unsere Mutter und uns vor dem Schlimmsten bewahrt. Mutter hat bis ins hohe Alter nicht aufgehört, uns die gruseligen Abenteuer dieser Flucht wieder und wieder auszumalen. Die Sachen aus dem nun unbewohnten Pfarrhaus werden bis auf die nackten, schweren Möbel aus Mutters Aussteuer unter den Dorfleuten aufgeteilt! Die kleine Frau Krüger von gegenüber, eine scharfzüngige Berlinerin, hat so manches schöne Geschirr aus dem Pfarrhaus! Sie putzt am Bogensee. Im „Goebbelsbau", wie ihn alle immer noch nennen, ist jetzt eine Parteihochschule der SED. Ich belausche ihr Gespräch manchmal: „Gott sei Dank ist det Nazipack, der Goebbels und seine Bande, weg vom Bogensee. Aber die schicken UFA-Schauspielerinnen, die der Hinkefuß immer mitjebracht hat, die kannte ick alle aus dem Kino. Und die armen Kinder: Hedda, Hilde, Holde, Helge, Holger, Helmut", zählt sie auf, „alle von der eigenen Mutter Magda verjiftet ..."

Als das immer so weitergeht, laufe ich zu unserem Bücherschrank mit den Glasfenstern im Salon und suche mir ein Buch zum Lesen heraus. Ich muss in der Schule meist vorlesen, wenn wir eine Selbstbeschäftigung haben, weil ich die einzige bin, die beim Lesen nicht stottert und die deutsche gedruckte Schrift lesen kann. Keiner bemerkt zu Hause, was ich lese, und befragen lassen sie sich auch nicht. So lese ich von J. F. Cooper, Karl May, Jack London, Fritz Reuter, Knut Hamsun bis Gustav Freytag alles durcheinander. Jetzt erwische ich ‚Soll und Haben', einen dicken Schinken, andeutungsweise antisemitisch, wie ich heute weiß. Bürgerliche Bücherschränke sind seit der Nazizeit erschreckend ausgedünnt.

Ich laufe in den offenen Stall, wo die alten Möbel von unserem Vorgänger, Pfarrer Baumgarten, mit Hühnerdreck bekleckert lagern. Dort klettere ich auf einen Schrank und lese. Bis mich da einer findet, das dauert.

Meine Lieblingsbücher sind die zehn Nesthäkchenbände von Else Ury, aus den zwanziger Jahren. Manchmal lese ich sie meiner kleinen Schwester Linda vor und gemeinsam spielen wir Nesthäkchen. Erst später erfahre ich, dass die Jüdin Else Ury trotz großer Beliebtheit und auch wegen einer Villa am Wannsee vergast worden ist. Ich lese es in den achtziger Jahren in einem ‚elften Band': ‚Nesthäkchen kommt ins KZ'.

Trotz aller Bemühungen der Eltern bleiben wir Zugereiste und Fremde. Annelieschen vom Fahrradladen muss das nach dem Religionsunterricht loswerden: „Du brauchst dir gar nichts darauf einzubilden, dass ihr Pfarrerskinder seid!" Sie sitzt in der Schule neben mir und hat oft Butterbrote mit Zucker dabei, aber sie gibt mir nichts ab.

Mein Vater ist jetzt oft krank. Irgendetwas mit der Galle. Er wärmt seinen Bauch am Kachelofen und hat großen Durst: „Lauft schnell zu Engelhardt und holt Selters".

„Hans, du musst in die Klinik nach Bernau", sagt meine ängstliche Mutter, „mit der Galle ist nicht zu spaßen. Die Oma ist auch daran operiert." Mein Vater winkt nur müde ab. Seine Kleidung verschmilzt mit dem Dunkel des schweren Sessels: „Ich bin fünfundvierzig im Lazarett operiert worden, da haben sie mir die Gallenblase herausgenommen". Er erinnert sich: „Gleich danach war ein schwerer russischer Kampfverband im Anflug gemeldet. Das Lazarett wurde blitzschnell evakuiert".

Selten, eigentlich nie, erzählt mein Vater vom Krieg, gebannt höre ich zu. „Alle Verwundeten und Operierten sind auf Viehwagen losgeschickt worden. Meine Operationswunde hat geblutet und ich hatte starke Schmerzen, aber sie hatten kein Morphium mehr."

Acht Jahre nach dem Eingriff im Lazarett geht mein Vater in die Berliner Charité. Dort machen sie eine Notoperation, da die Gallenblase in die Leber verwachsen ist. Im Feldlazarett hatten sie ihn wegen des Luftangriffes gleich wieder zugenäht und nur den Blinddarm herausgenommen. Krankenpapiere gab es in dem Durcheinander keine.

Unser Vater will zum Sterben nach Hause. Wir drei Kinder verabschieden uns von ihm. Er ist fast bewusstlos, er flüstert: „Stillgestanden!" und „Rührt euch!" Meine Schwestern laufen weinend hinaus und ich beginne tränenlos, mir als Zehnjährige Gedanken über diesen Krieg zu machen.

Mein Vater stirbt am 11. Dezember 1953 mit einundvierzig Jahren. Er wird an der Nordseite des alten Fachwerkturms der Prendener Kirche beigesetzt. Der Posaunenchor intoniert den Choral: ‚So nimm denn meine Hände und führe mich …'

Ich träume viele Jahre: Ich sehe meinen Vater, er erscheint mir fast durchsichtig. Er umarmt mich endlich: „Jetzt habe ich Zeit für dich".

Alexandra Pöppel
NACHKRIEGSFASCHING

„Noch andere Meißner Teller?", die Mutter blickte mich, über eine Umzugskiste gebeugt, fragend an, „du willst wissen, ob es noch mehr von den Zwiebelmustertellern und den Schälchen mit dem durchbrochenen Rand gab? Was sie wert sind? Keine Ahnung, was man jetzt dafür bekommt. Aber", fuhr sie fort, sich aus ihrer gebückten Haltung aufrichtend, „für uns waren sie nach dem Krieg wertvoll: Gegen was nicht alles haben wir Meißner Teller getauscht – und für unseren ersten Faschingsball nach dem Krieg im Hotel Regina mussten wir sogar zwei von den Schälchen lockermachen."
Ungläubig schaute ich die Mutter von der Seite an. Sie schlug ungerührt weitere Teile des alten weiß-blauen Porzellans in Seidenpapier ein, umhüllte sie mit Holzwolle, um sie schließlich in der Kiste zu verstauen. Während ich sie dabei beobachtete, begannen verschwommene Bilder sich über die Wirklichkeit des Packens zu legen, Bilder, die in mir aufstiegen, sich wieder in Nebel verloren ... Bilder eines Ereignisses, das sehr lang zurückliegen muss – bis mir folgende Szene aus meiner Kinderzeit vor Augen steht. Die Mutter beugt sich über mein Bett, Falten ihres karmesinroten Umhangs fallen weich über ihre Schulter auf mein Kopfkissen. Geheimnisvoll sieht sie aus, alles außer dem Umhang ist schwarz an ihr, Oberteil, Strümpfe, Pumphose. Rumpelstilzchen? Die Wangen gerötet, die Augenbrauen dunkel nachgezogen, dazu ihr schwarzes Haar. Ich finde die Mutter wunderschön, aber auch ein bisschen fremd. Mit ihrem Kirschmund gibt sie mir den Gutenachtkuss. Sicher hat er Spuren auf meiner Wange hinterlassen.

Jetzt betritt ein Clown das Kinderzimmer. Er versinkt bis zur Brust in seiner selbst genähten Latzhose aus weißem Rupfen. Eine der zwei riesigen Taschen, die vorn aufgesetzt sind, wölbt sich verräterisch: Da soll doch tatsächlich eine Weinflasche auf den Ball eingeschmuggelt werden. Typisch Vater! Ich blicke hinauf in das weißgepuderte Gesicht, in dessen Mitte eine hochrote Gumminase thront, die ich sehr lustig finde. Sie ist mit zwei Bindfäden rechts und links an den Ohren befestigt, das dunkle Haar mit Brillantine an den Kopf geklatscht.

Aus dem viel zu großen, knallroten Mund des Clowns kommen jetzt mahnende Worte. Auf keinen Fall sollen wir drei Kinder der Tante, die bei uns bleibt, irgendwelchen Ärger machen und überhaupt habe man zu schlafen, sobald das Licht aus sei.

Und schon entschwebt Rumpelstilzchen mit ihrem Clown unseren Blicken, ich höre die Haustür ins Schloss fallen, sehe die Tante mit einer Gutenacht-Geschichte an meinem Bett sitzen und dann das Licht ausknipsen. Und im Traum folge ich den Eltern und tauche mit ihnen in eine bunte Menschenmenge ein. Luftschlangen, Konfetti und Tanzmusik begleiten mich durch den Schlaf.

Ich schreckte hoch, als die Mutter den Holzdeckel auf die fertig gepackte Kiste fallen ließ.

„Und ihr habt es nie bereut? Wertvolles Porzellan für einen Faschingsball?"

„Nein, niemals", erwiderte die Mutter in einem Ton, der keinerlei Zweifel zuließ. „Wir wollten doch leben, endlich wieder leben!"

Dieter Poetsch
MEINE ETWAS NEBULÖSE KRIEGS- UND VORSCHULZEIT

Als ich ein Foto im Schrebergarten irgendwo in Berlin mit Cousine im Kinderwagen entdecke, stelle ich mir vor, wie Mutter dieses weiße, geflochtene und auf schmalen kleinen Rädern laufende, wie das Unterteil einer weißen schwimmenden Ente aussehende Renngefährt schon 1944 dazu benutzt haben mag, mit mir in der Nacht nach Einsetzen der Sirenen fluchtartig die Wohnung in Neukölln zu verlassen, um einen Platz im Luftschutzkeller zu ergattern. Die Anfänge dieser Nervenbelastung und die folgenden Bombardierungen in immer kürzeren Abständen wirkten wohl zermürbend auf sie. Mutter fand Arbeit bei einem renommierten Juwelierhändler, einer jüdischen Familie. Aber als er keinen Ausweg für sich und seine Familie mehr sah, hat er die zwei Töchter, seine Frau und sich selbst vergiftet, um mit allen dem KZ zu entgehen.

Da hatte Mutter mit mir Berlin schon verlassen. Das auslösende Moment waren die Luftangriffe in kurzer Folge. Sie hatte diesen Juwelier, ohne zu kündigen oder etwas zu sagen, an einem Abend 1944 verlassen, um mit mir einen Nachtzug zu besteigen und am nächsten Tag in den – vermeintlich – noch sicheren Westen zu fliehen. Dort, in Mainz, wohnten ihre zwei Schwestern, Tante Lissy und Tante Änne, gegenüber der damaligen Hauptpost. Wir wohnten dann im selben Mietshaus mit den Schwestern, die uns dort wohl eine Bleibe verschafft hatten.

Meine Mutter hatte eine Beschäftigung bei einem Architekten gefunden und mir von dort ein paar Holzpferdchen auf Rädern mitgebracht. Sie sang für mich öfter das Lied „Mamatschi, schenk mir ein Pferdchen". Es hat sich mir eingeprägt, weil ich immer wieder versuchte, den vollständigen Text zu wiederholen. Auch verstand ich nicht, warum meine Mutter nach dem Absingen der letzten Zeilen oft versuchte, ihre feuchten Augen zu verbergen.

„Es war einmal ein kleines Bübchen, das bettelte so nett und süß
'Mamatschi schenk mir ein Pferdchen, ein Pferdchen wär' mein Paradies'
Und da erhielt der kleine Mann ein Pferdepaar aus Marzipan.
Die blickt er an, er weint und spricht, solche Pferde wollt' ich nicht."
Das Bübchen im Lied erhält dann zwei Pferde aus lackiertem Holz. Viele Jahre später aber bringen vier Trauerpferde die Mutter fort. Das harte und raue Holz meiner Pferdchen stand im Gegensatz zum weichen, melodischen Klang des Liedes.

Meine Mutter glaubte sich zu Weihnachten 1944 in Mainz zunächst noch sicherer als in Berlin. Anfang 1945 war aber auch durch noch so geschickte Propaganda im Radio nicht mehr zu verbergen, dass immer mehr und mehr Luftangriffe in Verbindung mit der Westoffensive der Alliierten einsetzten. Die Bomber kamen in der Nacht. Das bedeutete für mich: immer schlafen legen in dem einzigen schwarzen Mäntelchen, das ich hatte, und für meine Mutter: zu hoffen, dass keine Sirenen in der Nacht aufheulen würden. Die Hoffnung war oft trügerisch. In der Regel lief das dann so ab: Beim ersten Sirenenton schnappte Mutter mich, rannte die zwei Treppen hinunter und hinaus. Dann versuchte sie, schnell in der schräg gegenüber liegenden Post den Luftschutzkeller zu erreichen. Das erlebte ich alles im Halbschlaf, der sich sofort wieder in Tiefschlaf fortsetzte, wenn sie mich auf irgendeiner freien Fläche, meistens einer Bank, im Luftschutzkeller abgelegt hatte. Der Zeitraum zwischen Vor- und Schlusssirene war oft nicht lang genug, um die rettende, mit großen Hebelgriffen innen und außen ausgestattete, feuerfeste Eisentür zu erreichen. Bevor die Post nach der endgültigen Zerstörung durch verschiedene Volltreffer als Fluchtpunkt nicht mehr verfügbar war, gelang es uns doch, dank der kurzen Entfernung immer wieder hinein- und auch herauszukommen. Ein tragisches Ende fanden dort zwölf Ordensschwestern, so erzählte mir meine Mutter später, die erst nach dem Abklingen der Schlusssirene in der Vorwarnphase den rettenden Keller zu erreichen versuchten. Die Phosphorbomben haben das grauenvoll vereitelt. Der Keller musste geschlossen bleiben, sonst wären wir alle in Lebensgefahr gewesen. Die Leichen der Schwestern lagen anschließend bis zur Unkenntlichkeit verbrannt vor der Metalltür. Einige noch festgeklammert mit den Händen an den Eisengriffen, die sie von außen nicht mehr hatten öffnen können.

Ob und wann unsere Wohnung zerbombt wurde, kann ich nicht mehr genau sagen. Mein letzter Aufenthalt in einem Luftschutzkeller war mit einem Ausflug nach draußen verbunden. Ringsum sah ich das brennende Mainz mit dem Dom und den Ruinen und Mauerresten Richtung Domplatz und Häfchen davor. Rückwärts gewandt sah ich, dass das gesamte Haus, das mit seinem Keller als vorübergehender Schutz gedient hatte, zusammengestürzt war. Am Trottoirrand der schmalen Gasse stand nur noch die hölzerne Eingangstür und der dahinter sich fortsetzende, nach oben abgerundete Kellertunnel. Der Anblick der Schutthaufen mit den teils noch stehenden Mauern und den Fensterlöchern mitten in der Nacht war gespenstisch und unvergesslich. Über allem lagen dicke Schwaden von aufsteigendem, in der Nase quälend beißendem Rauch. Wir zogen uns schnell wieder nach unten zurück und ich habe bis Tagesanbruch bei meiner Mutter in dem überfüllten Keller weitergeschlafen.

Aus diesem Schutthaufen mit dem aufklappbaren Guckloch sind wir tatsächlich am nächsten Tag mit den anderen Insassen herausgekrochen. Wir wollten leben und waren froh, der Gruft zu entkommen.

Meine Mutter musste sofort am nächsten Tag anpacken. Ja, aber womit? Das Wohnhaus war vollständig zerstört. Sie hatte nur ein kleines Täschchen mit ein paar Reichsmark dabei und die Kleider vom Vortag auf dem Leibe. Und mich als Anhängsel, das schon bald wieder Hunger verspürte. Ich weiß nicht, wie ich den ersten Tag und die ersten Wochen nach diesem verheerenden Luftangriff genau zugebracht habe. Ob quengelnd wegen des Hungers oder still in mich versunken, weil mich die schrecklichen Eindrücke doch eingeholt hatten. Ich meine, dass ich nur wenig an mich habe herankommen lassen.

Für die Ausgebombten gab es Sammelmeldestellen. Man verwies uns, es war Ende Februar 1945, also kurz vor der Kapitulation, zur Evakuierung aufs Land. So kamen wir zu mehr oder weniger skeptisch, wenn nicht sogar unfreundlich dreinschauenden Bauern, die ja mit allem versorgt waren, aber schwerlich dazu bereit, mit anderen zu teilen. Das einzige, schwache Bild, das ich mir von diesem Ort machen kann, ist der Name Undenheim. Der Ort liegt im Südwesten von Mainz. Er war nicht an öffentliche Verkehrsmittel angebunden. Also hieß es für meine Mutter, tagsüber etwas zum Essen für uns aufzutreiben, zwischendurch sich auch nach einer Arbeit umzusehen und sich rechtzeitig auf den beschwerlichen Rückweg aufs Land zu machen, teils zu Fuß oder per Anhalter mit einem LKW. Die tägliche, umständliche und zeitraubende Fahr- und Gehstrecke mag sie wohl bewogen haben, diesen Zustand möglichst bald zu beenden. Wir zogen bald bei einer Dachdeckerfamilie in der Mainzer Jakobsbergerstraße im zweiten Stock innerhalb deren eigener Wohnung in ein kleines Zimmer ein. Es lag unmittelbar gegenüber der breiten Tür zum Hausflur.
Das war also bis ins Jahr 1950 hinein unser behelfsmäßiges Zuhause.
Das Zimmer war dann – neben einem Kindergarten, den ich tagsüber bis zum Schulanfang besuchte – mein Hauptaufenthaltsort.
Mutter hatte inzwischen eine solide Anstellung bei einer Baufirma gefunden. Damit war es für sie möglich, mir schon am Tage Gesellschaft außerhalb dieses engen Zimmers zu verschaffen.
Der Kindergarten überraschte mich am Anfang sehr, denn es gab dort auch Mädchen und, wie ich nach schneller Kontaktaufnahme feststellen konnte, sogar weibliche Geschwister: Helga und Gisela hießen die beiden, die mich zu einigen Forschungen veranlassten, weil ich Sandkasten und Eimerchen bald langweilig fand.
1947 stellte meine Einschulung in der Neutorschule am Südbahnhof an meine Mutter wieder erhebliche Anforderungen. Ich brauchte ja: Schuhe, weiße Strümpfe, einen Ranzen mit Schiefertafel, Griffel und eine Schultüte mit etwas zum Naschen drin. Außer den Strümpfen war meine Erstausstattung für den Schulbeginn allerdings in den Vorläufern des Wiederaufbaus nach einigem Gerenne schon zu beschaffen. Die Schultüte hat Mutter schön zusammengeklebt und mir weiße Kniestrümpfe gestrickt.

Dazu nahm sie das Gewebe eines Kartoffelsacks auseinander und färbte die Fasern weiß ein.

Der Schultag ging nach einer oder zwei Stunden mit der Vorstellung unseres Klassenlehrers schnell vorbei. Danach besuchte Mutter mit mir ein befreundetes Ehepaar. Herr Jung machte das Foto von mir mit Ranzen und Tüte und den besagten Strümpfen, weil Mutter noch keinen Fotoapparat besaß. Aber wie war ich froh, als ich die engen, kratzenden Strümpfe endlich loswurde. Mutter half mir beim Ausziehen und massierte die roten Einkerbungen unterhalb meiner Kniekehlen. Ich war geliebt, umsorgt und behütet.

Martina Bartel
ORTE UND STIMMEN MEINER KINDHEIT

I. Leuna, Sachsen-Anhalt, im Kriegsjahr 1944
Geboren bin ich im Januar 1944 in Leuna. Monatelanges Dauerbombardement der Alliierten auf die dortigen Hydrierwerke, die das kriegswichtige Leunabenzin erzeugten. Einmal kam der Fliegeralarm so spät, dass sogar meine kranke Tante, die seit Jahren im Rollstuhl saß, aufstand und den anderen in ihrer Todesangst in den Luftschutzkeller nachhumpelte. Mich, die sonst in ihren Armen geborgen war, vergaß man. Eine Brandbombe traf unser Haus. Augenscheinlich unverletzt barg man mich aus den Trümmern. So berichtete meine Mutter. Später, fügte sie hinzu, hätte ich mit meinen ersten Worten das Geräusch der Explosionen nachgeahmt – bumm, bumm.

Kriegsende Mai 1945. Im Herbst 1946 folgte meine Mutter dem Aufruf eines Repatriierungskommandos, sich mit der Tochter nach Österreich zu ihrem Ehemann zu begeben. Sie hatte ihn als deutsche BDM-Maid bei einem Aufenthalt in Kärnten kennengelernt und geheiratet. Er hatte die Kriegsjahre unbeschadet in einem Fliegerhorst in Kärnten verlebt. Einst ein deutscher Soldat, war er jetzt wieder ein österreichischer Zivilist.

Warum verließ Mutter Leuna erst im Herbst 1946? Auf diese Frage habe ich, wie auch auf viele andere, nie eine Antwort bekommen. Ich kann nur vermuten, dass sie bereits damals die Ehe bereute. Warum hatte sie auch von einer möglichen Adoption durch ein holländisches Ehepaar gesprochen?

II. Gmünd, Niederösterreich, russischer Sektor, 1946

In Gmünd im Waldviertel lebten unsere österreichischen Verwandten. Der Eiserne Vorhang hatte das Städtchen zerschnitten: Gmünd I und II blieben österreichisch, Gmünd III auf der anderen Seite des Grenzflusses hieß jetzt Czeske Velenize – Endstation der Eisenbahn, die früher bis Prag und weiter fuhr. Die Grenze bewacht von tschechischen Wachtürmen; vor dem Eingang des Gmünder Rathauses russische Soldaten mit Kalaschnikows. Der große rote Stern auf dem Dach des Rathauses gefiel mir. Ich wollte ihn näher betrachten. Eine der Wachen sagte etwas, das wie „Idisota" klang – da packte mich Großmutter am Arm und zog mich trotz meiner Proteste eilig weiter.

Auch in den Jahren danach verbrachte ich alle Schulferien in Gmünd. Großmutter liebte mich, doch Mutter lehnte sie ab: „Die Deitsche".

Meine Gmünder Freundin hieß Ilse. Sie war die jüngste Tochter des evangelischen Pfarrers und aufgrund eines Bombenangriffs taubstumm geworden. Wir verständigten uns über

Handzeichen. Ilses größtes Vergnügen: mich auf den Glockenturm der Kirche zu schleppen, wenn die Glocke die vollen Stundenzahlen schlug. Bei jedem Ton der Glocke musste ich mir die Ohren zuhalten. Ilse aber hatte den Kopf in lauschender Haltung geneigt, wiegte sich im Rhythmus hin und her und lachte. Es klang wie Keuchen.

Mein ureigenstes Reich war die Blockheide hinter der Stadt. Menschenleer, übersät von großen Felsbrocken, wie von Riesen in die Landschaft geschleudert; eine Heidelandschaft voll Zauber mit Feen und Zwergen. Auch wenn der Wind manchmal aus Richtung der tschechischen Wachtürme den Lärm von Schüssen herüberwehte – dies war mein Refugium. Hier war ich glücklich und vergaß die Welt draußen.

III. Klagenfurt, Kärnten, englischer Sektor, 1947

Vater hat Arbeit in Klagenfurt gefunden. Ein finsterer, schweigsamer, wenn auch streitbarer Mann, den ich fürchtete. Genauso wie den großen Lindwurm auf dem Marktplatz, das Wahrzeichen von Klagenfurt – an Mutters

Hand schleiche ich leise vorbei, damit er nicht Feuer spuckt.

Viele fremde Stimmen. Der Kärntner Dialekt, ganz anders als der Waldviertler, ganz anders als der sächsische meiner Mutter. Die Nachbarn: Italiener, geflüchtet aus dem Italien Mussolinis. Bald plappere ich die lautstarken Flüche nach. Die italienische Mamma ist böse. Ich verstehe nicht, warum. Im Dachgeschoss wohnt Vera, Witwe eines Kosaken, der auf deutscher Seite gekämpft hatte. Sie hatte sich geweigert, ihm mit ihrem Sohn in den Selbstmord zu folgen. Der Sohn war ungefähr acht Jahre alt. Immer noch höre ich in Träumen seine dünne Knabenstimme: „Wenn ich groß bin, ich Mama umbringen. Ich alle umbringen."

Geburt meines Bruders im April 1947. Sehr bald robbte er auf allen vieren in Richtung Hoftor – schon damals hatte er einen nicht zu bändigenden Freiheitsdrang. Ich dagegen beobachte die Welt draußen lieber vom Fenster aus: Im Hoftor des gegenüberliegenden Hauses ein Mann in Uniform, das Mädchen sagt: „Good night, darling, give kiss!" Ich trompete lauthals heraus, was ich soeben gehört habe. Ein erschreckter Ausruf des Mädchens, sie macht sich frei und verschwindet im Haus, der englische Soldat in einer Nebengasse.

IV: Bischofshofen, Land Salzburg, amerikanischer Sektor, 1949

Vater wird versetzt nach Bischofshofen. Wir wohnen in einer Dienstwohnung der Eisenbahn. Bischofshofen – zwei katholische Kirchen, keine evangelische. Und ich – „Heidenkind, kommst in die Höll", rufen mir meine Mitschülerinnen hinterher. Und doch – kaum sieben Jahre alt, bin ich Mitglied der Salzburger Trachtendelegation, die nach Wien gesandt wird, um unserem Bundespräsidenten Karl Renner zum 80. Geburtstag zu gratulieren. Eine große Ehre und ein kleines Gedicht unserer Heimatdichterin, des Platten-Lisei. Die Feier im Großen Musikvereinssaal in Wien – ich bin überwältigt von dem bunten Bild der Trachtengruppen aus allen Bundesländern.
In den folgenden Jahren werden Schule und Bücher mein Rückzug vor der

als feindlich erlebten Umwelt. Auch die Familie: kein Ort der Geborgenheit. War sie nie.

Vater kommt immer öfter betrunken nach Hause. Wenn sein Schatten im Fenster der Küche sichtbar wird, zittern wir alle.

An den Wänden der Häuser immer öfter die Aufforderung: AMI GO HOME.

Im Mai 1955: Unterzeichnung des Staatsvertrages, Abzug der Alliierten. Österreich ist frei.

„Nie wieder Krieg", schwören die Überlebenden ihren Kindern.
Ich bin 12 Jahre alt.

Therese Viera
VON STURKÖPFIGEN BIERFAHRERN UND COURAGIERTEN FRAUEN

I. Petershausen

Vom Bahnhof gehe ich die Bahnhofstraße bis zur Biegung. Ein Wohnhaus hat man vor einigen Jahren errichtet an der Stelle des alten Posthauses, einer pittoresken alten Villa, ganz mit Efeu bewachsen. Im Erdgeschoss das Postamt, darüber wohnte und arbeitete die einzige Hebamme in der Gegend. Man sagt, sie liebe das Bier. Hier in Petershausen kam ich zur Welt; obgleich ich nur einige Tage hier verbrachte, steht dieser Ort in meiner Geburtsurkunde. Meine Mutter war wegen der zahlreichen Bombenangriffe in den letzten Monaten der Schwangerschaft aufs Land nach Hohenkammer zu ihren Eltern gezogen. Dort stand der Großvater der Schlossbrauerei als Braumeister vor. Im ersten Stock der Brauerei bewohnten sie die Dienstwohnung.

Als sich die ersten Wehen ankündigten, marschierten die beiden Frauen – Mutter und Großmutter – zu Fuß die fünf Kilometer zur Hebamme. Die Oma hatte für alle Fälle das Fahrrad dabei. Es gab wohl einige Halte unterwegs. Sie machten Station bei einer Tante und meine Mutter wurde genötigt, doch noch kräftig zu essen, damit sie für die kommenden Strapazen gerüstet sei. Punkt Mitternacht zwischen dem 11. und 12. Dezember 1944 erblickte ich das Licht der Welt. Es war nicht ganz klar, ob es der 11. oder 12. war, so entschied sich meine Mutter für den 12., da ich mir den 12.12. als Geburtsdatum besser merken könne. Damit hatte sie Recht!

Säuglinge taufte man bald nach der Geburt. War doch die Meinung der katholischen Kirche, dass nur getaufte Kinder in den Himmel kommen können. Deswegen wurden kranke Kinder sofort getauft. Am Tag meiner Taufe, am 17. Dezember, erlebte die Münchner Innenstadt schwere Luftangriffe. Den roten Feuerschein der Brände sah man am Firmament bis nach Petershausen ... Allein am 17. Dezember gab es in München ca. 600 Bombentote. Auch Ulm wurde an diesem Tag schwer beschädigt. Meine Mutter hatte ständige Sorge um meinen Vater, der in der Münchner Innenstadt lebte und arbeitete. Das mag sich auf mich übertragen haben. Entsprechend unruhig war ich wohl in den ersten Monaten. Der Taufpatin Tante Regine, einer gestandenen Metzgermeistersgattin aus Haidhausen, gefiel es nicht, dass der Pfarrer bei der Taufe mit dem Weihwasser sparte. Sie nahm den Pinsel selbst, tauchte ihn fest ein und taufte mich zusätzlich mit der Bemerkung: „Herr Pfarrer, die wird es brauchen". Recht hatte sie, die beherzte Tante Regine! Vielleicht meinte der Pfarrer, er müsse mit dem Segen sparen, weil ich unehelich geboren war. Doch die Eltern hatten bewusst nicht geheiratet, da mein Vater französischer Staatsangehöriger lothringischer Abstammung war, der die meiste Zeit seines Lebens und die ganze Kriegszeit über in Deutschland lebte. Zwar hatte das französische Generalkonsulat in München vor der Kriegserklärung 1939 alle Franzosen rechtzeitig aufgefordert, das Land zu verlassen, da es Krieg zwischen beiden Staaten geben werde. Diese Briefe wurden wohl abgefangen und haben die Empfänger nie erreicht. Dies erzählte mir später ein Konsulatsangestellter. Mein Vater wäre aber ohnehin hier geblieben, da er meine Mutter in dieser verrückten Zeit nicht allein lassen wollte. Gerade gegen Ende des Krieges wurden Ausländer gedrängt, zur deutschen Wehrmacht zu gehen. Glückliche Umstände verhinderten, dass mein Vater eingezogen wurde. Erst nach dem Ende des Zweiten Weltkrieges im Jahr 1945 heirateten meine Eltern. Nach der Taufe im Haus der Hebamme in Petershausen konnten mein Vater und meine Taufpatin nicht mit dem Zug bis zum Hauptbahnhof fahren. Sie mussten zu Fuß gehen, denn ein Schienenverkehr war in München nicht mehr möglich, so stark hatten die Bombardements alles zerstört.
Ein Auto gab es als Transportmittel damals nicht in unserer Familie.

Mein Vater arbeitete in der Gastronomie, in einem Restaurant am Dom. Der Klerus verkehrte gerne dort und deshalb weniger häufig die Nazigrößen. Einige Frauen von Nazigrößen hatten dort allerdings ihren Stammtisch. Da eine der Damen in betrunkenem Zustand sich aufführte und das Personal herumkommandieren wollte, verwies mein Vater sie des Lokals. In den darauffolgenden Tagen war meine Mutter sehr in Sorge, ob das nicht schlimme Konsequenzen haben könnte. Hatte es aber nicht. Die Damen kamen allerdings nicht wieder.

Plünderungen waren an der Tagesordnung. Aus beschädigten Läden wurde Ware gestohlen.

Auch der bedeutende Weinkeller des Restaurants musste, besonders nach dem Krieg, vor den

Amerikanern geschützt werden. Mein Vater wurde deshalb öfter bei Major Brown im Rathaus vorstellig, damit die Truppe zurechtgewiesen wurde.

II. Hohenkammer

Die Brauerei war neben der Kirche und dem Wasserschloss ein markanter Punkt im Ort. Gelegentlich überflogen sie Tiefflieger. Einmal stand ich wohl in meinem Kinderwagen vor der Brauerei, als Tiefflieger über dem Haus kreisten. Meine Großmutter sah dies mit Entsetzen und holte mich schnell ins Haus. Das hätte schiefgehen können! Meine Mutter erzählt, dass sie noch nie so geschimpft wurde wie damals. Aus Hohenkammer kamen drei Männer als politische Häftlinge nach Dachau. Sie hatten über Hitler gelästert. Keiner der drei hat auch nur das Geringste über seine Erlebnisse erzählt. Später erfuhr man, dass bei der Entlassung ganz klar gesagt wurde, wer seinen Mund aufmacht, kommt wieder ins KZ und wird es nicht mehr lebend verlassen.

In der Nachkriegszeit kamen Amerikaner in den Ort und die Brauerei. Sie fragten meinen Opa immer nach Schnaps. Den konnte er ihnen nicht anbieten, wohl aber Bier. Nun muss man wissen, dass das Bier der Kriegs- und auch der Nachkriegszeit nicht mit dem heutigen vergleichbar ist. Es gab nur Dünnbier mit viel Wasser, wenig Hopfen und wenig Alkohol. Das konnte die Amerikaner, die in den USA schon ganz gutes Bier hatten, nicht begeistern.

Als sie mit Panzern auf der B13 in den Ort kamen, verschanzten sich zwei deutsche Soldaten hinter Büschen an der Brauerei, wohl in dem Wahn, Deutschland verteidigen zu müssen. Zum Glück bemerkte mein Großvater die Unverbesserlichen, holte sein Gewehr und drohte, sie zu erschießen, wenn sie nicht sofort verschwänden. Er hatte die bessere Position im ersten Stock des Hauses und so verzogen sie sich. Ein Schuss der Heckenschützen hätte genügen können, um die ganze Brauerei und uns zu vernichten.

Im Hof des Wasserschlosses, das heute der Munich Re gehört, wurden damals Jugendliche zusammengezogen, um auf der B13 den Amerikanern entgegenzumarschieren und sie aufzuhalten. Meine Großmutter sah den Zug und rief laut: „Buam, laufts weg, die erschießen euch alle!" Der Kommandant des Trupps drohte ihr daraufhin, dass er sie erschießen werde, wenn sie nicht still wäre. Im nahen Wald oberhalb des Ortes haben sich die Jugendlichen dann aber doch davongemacht, ob mit oder ohne Wissen des Kommandanten, weiß man nicht. Jedenfalls kam es zu keinem Massaker.

In der Nachkriegszeit fanden in den nahen Wäldern Manöver der Amerikaner statt. Wir Kinder hatten keine Furcht vor den Panzern, ganz im Gegenteil. Die Soldaten warfen uns Cadbury-Schokolade und Chewing Gums zu. Das waren wohl außer „thanks" unsere ersten englischen Wörter. Ich erinnere mich, dass wir Kinder uns nie um die Süßigkeiten gebalgt haben. Wer etwas erwischte, gab den anderen davon ab. Besonders beliebt waren die schwarzen „Amis". Sie gaben besonders viel. So hielten wir Ausschau, auf welchem Panzer ein „Neger" – so sagte man damals – stand.

Die Großmutter hatte einen Garten, viele Kaninchen, Hühner und ein Schwein. Die Großeltern waren somit weitgehend Selbstversorger. Bei ihnen ging es meiner Mutter und mir besser als später in München. In den Sommermonaten besuchte ich meine Großeltern in der Brauerei schon als kleines Kind, oft über Wochen, in den großen Ferien in den Jahren in Kindergarten und Schule sowieso. Da ging es schon am ersten Ferientag raus aus der Münchner Innenstadt aufs Land nach Hohenkammer. Transportmittel war das Bierauto der Schlossbrauerei.

Die beiden Bierfahrer sprachen jahrelang kein Wort miteinander.

Keiner wusste, was die genaue Ursache des Streits gewesen war. Vielleicht konnten sie sich selbst auch nicht mehr daran erinnern. So saß ich zwischen den beiden. Jeder unterhielt sich mit mir, nur miteinander sprachen sie nicht. Gelegentlich trug mir der eine auf, den anderen etwas zu fragen. Was machten sie eigentlich, wenn sie alleine waren? Die beiden arbeiteten Jahrzehnte zusammen auf dem LKW. Man erzählte sich später, bei der Beerdigung des einen habe der andere am meisten geweint.

Während mit dem Bierauto Getränke nach München geliefert wurden, fuhr ein alter Mann im Ort selbst die Getränke mit einem Bräuross, einem Kaltblüter, aus. Ich liebte es, auf dem Kutschbock zu sitzen, aber auch auf dem Pferd selbst, obgleich es einen breiten Rücken hatte und mir regelmäßig die Oberschenkel schmerzten. Mein Großvater sah es nicht gerne, wenn ich auf dem Pferd saß, und er schimpfte den Bierfahrer gelegentlich, wenn er dies zuließ. Ich hatte zwar keine Geschwister, aber viele Freunde in der Nachbarschaft. Wir schauten auch verstohlen zu, wenn Tiere geschlachtet wurden, und ekelten uns anschließend. Aber die Neugierde war größer. Den ganzen Tag spielten wir im Freien mit dem Ball oder wir beschäftigten uns mit den Kaninchen, die leider auch geschlachtet und gegessen wurden, und dem Schwein, das sich fast wie ein Hund von uns führen ließ.

Die Sommerferien auf dem Land sind für mich verbunden mit Hitze, auch Schwüle, grünen Wiesen mit vielen Margeriten, lauen Nächten, luftiger Kleidung, aber auch starken Gewittern, die mir heute noch Unbehagen verursachen. Obgleich die Brauerei, neben dem Kirchturm der höchste Punkt im Ort, durch zahlreiche Blitzableiter gesichert war, passierte es eines Abends. Ein unbeschreiblicher Knall, großes körperliches Unbehagen und ein komisches Gefühl der Benommenheit. Wir schauten uns nur stumm an. Großvater ging hinunter in die Maschinenräume, ich hinterher. Flaschen waren reihenweise in Millionen kleinster Splitter zerborsten, einige Maschinen liefen nicht mehr. Ich werde den Knall nie vergessen.

SCHAM

6

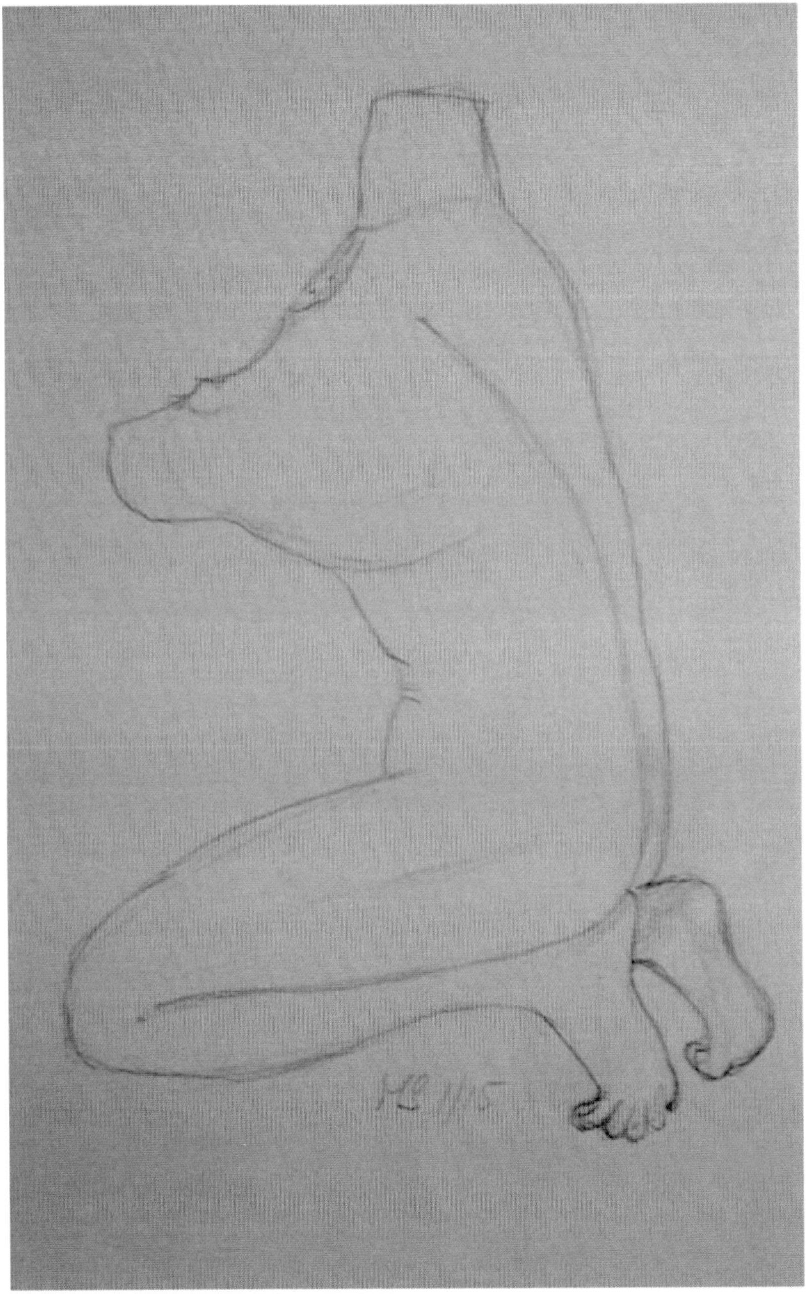

Erika Hertel
ZIGARETTENKRIEGSMUTTER

Meine Kindheit war geprägt von Zigaretten.
Zigaretten waren heiß begehrt. Man könnte fast meinen, sie wären das Wichtigste gewesen in dieser Zeit. Zigaretten begehrte mein Vater im Lager. Sie wurden schwarz gehandelt. Mit ihnen konnte man alles bezahlen: Milch, Freiheit, Schweigen. Sie wurden zur beschämenden Obsession in Form von Kippen, die mein Vater auf der Straße auflas. Auch meine Mutter tat dies – für meinen Vater.
Ich fand dies entwürdigend. Wieso eigentlich? Wohl wegen der unsicheren Gesten während des Bückens, wenn sich die Sammler oder die Sammlerinnen umsahen, „verstohlen", wie ich, wenn ich versuchte, etwas Essbares zu klauen?
Die Deutschen im Lager von Mährisch-Ostrau waren die „Kriegsverbrecher". Die Gefangenen: eine Ansammlung ernster, gebückter, ausgemergelter, langsam vor sich hin schlurfender Gestalten im Gefängnishof hinter dem Zaun. Stacheldraht.
An diesem Zaun gingen Mutter und ich vorbei. Sie steckte ein Päckchen Zigaretten verstohlen durch den Zaun. Ich konnte das nicht verstehen.
‚Wieso bekamen die etwas?
Es war doch verboten, die waren ja im Gefängnis, also irgendwie böse. Was gingen die meine Mutter an?', dachte ich.
Heute würde ich dies als einen stellvertretenden, beschwörenden Akt deuten: Wenn ich dies hier tue, vielleicht tut dies auch jemand für meinen Mann?
Vielleicht wollte Mutter aber einfach den Männern eine Freude machen.

Damals waren da Angst, Entsetzen, der Geruch von Panik, geweitete Augen und ein Chaos von Widersprüchlichkeiten. Ich bewegte mich in dieser mir unverständlichen Aktion ohne Fragen, Einordnungsmöglichkeit und Erklärung.

Irgendjemand hatte die Gabe meiner Mutter bemerkt. „Gemeldet", dass die wohl Deutsche den Deutschen etwas zugesteckt hatte. Als mir dies klar wurde, war mein erster Impuls, wegzulaufen. Mutter jedoch blickte sich um, verdeckte das „N", hielt mich bei der Hand, schaute nach links, rechts, lief nicht, sondern bewegte sich in der zusammengelaufenen Menschenmenge als Suchende: „Wo ist die Deutsche?" Ich spürte, dass hier etwas geschah, das mich veranlasste, nicht deutsch zu sprechen, auch nicht tschechisch zu fragen – mich einfach dieser Verwirrung zu überlassen, dieser mütterlichen Hand, mich ihrem ruhigen Druck zu beugen, obgleich ich ihre Spannung wahrnahm, die Feuchtigkeit der Hand, das Zittern der Stimme und die Irrlichter in den Augen.

Langsam bewegten wir uns von der Menge weg, wie zufällig. Dann weinte Mutter, schluchzte. Was ich nun erst recht nicht verstand, denn in meiner Welt bestand nun keine Bedrohung mehr, keine Gefahr. Weder von bösen Gefängnisinsassen noch von strafenden Tschechen.

Nach der Flucht, in Deutschland, als ich acht Jahre alt war, als mein Vater gestorben war, handelte meine Mutter mit Zigaretten. Sie stand am Bahnhof und verkaufte die mitgebrachte Ration meines Vaters. Diese wurde ja nun nicht mehr benötigt – wohl aber Nahrungsmittel.

Auch dieses Handeln von Mutter erfüllte mich mit Scham. Ich hatte das Gefühl, als würde sie sich selbst verkaufen. Damals wollte ich auch hier nicht dazugehören.

Woher hatte ich diese Vorstellungen? Heute sehe ich den Verkauf als eine notwendige, vernünftige Handlung an. Die unverbrauchten, herrenlosen Vaterzigaretten waren wieder etwas Verbotenes, Heimliches. Sie rauchte mein Bruder. Ich versuchte das auch, aber es ekelte mich trotz des Heimlichkeitsschauers und der Faszination.

Im Alter von 20 Jahren habe ich auch geraucht, Marlboro. Amerikanisches Flair und Freiheitsgefasel, lackierte Fingernägel. Obwohl mich Mutter ge-

beten hatte: „Ach, Ickerle, rauch bitte nicht!"
Wie musste Mutter zumute gewesen sein?
Ein wenig schäme ich mich.

Gertraud Feinstein
DER TAG, AN DEM ICH MEINE DEUTSCHE UNSCHULD VERLOR

Endlich kam die Straßenbahn in Sicht, keuchte heran, schwerbeladen mit Fahrgästen, die Ende Mai 1945 nicht nur jeden Zentimeter des Wageninneren ausfüllten, sondern sogar wie Trauben an den Trittbrettern hingen oder zwischen den Wagen auf Puffern und schwankenden Verbindungsschläuchen saßen. Eine größere Menschenmenge, unter ihnen auch ich, hatte schon seit geraumer Zeit geduldig auf die Linie 8 gewartet, die erst seit ein paar Wochen in Betrieb war. Sie verkehrte zwischen Nicolaiplatz und Boschetsrieder Straße und verband die durch Bombenangriffe besonders zerstörten Stadtteile Schwabing und Neuhausen, um anschließend ins weniger betroffene Sendling zu fahren.

Fest hielt ich die alte, abgegriffene Schultasche unter den Arm geklemmt, die die über Monate hinweg gesammelten Zigaretten enthielt. Für unsere Familie waren sie entbehrlich, mich aber sollte ihr hoher Tauschwert einem lang gehegten Traum näher bringen: einem selbstgestrickten Badeanzug, mit dem ich an heißen Sommertagen in der Isar schwimmen und anschließend am steinigen Ufer in der Sonne liegen wollte. Diese Vorstellung schwebte mir beim Einsteigen in die Tram vor Augen, während ich schob und geschoben wurde. Als sich die Haltestelle Rotkreuzplatz nach dem Klingelzeichen langsam entfernte, durchfuhren wir die Häuserruinen und die sich auftürmenden Schuttberge – ein alltäglicher Anblick in unserem Wohnviertel wie auch in vielen anderen Stadtteilen. Trotzdem empfand ich ein unbeschreibliches Glück, die Bombenangriffe der Jahre 1944 und 1945 und alle anderen Gefahren des Kriegs unversehrt überstanden zu haben.

Meine Eltern und beide Schwestern waren mir erhalten geblieben, nichts hatte sich, was unsere engste Familie betraf, durch den Krieg verändert. Auf einem der Sitzplätze sah ich einen kahlgeschorenen Mann in einem grünen Buch lesen. Wie seltsam, dachte ich, dass es hier einen Menschen gibt, der sich durch die Unruhe um ihn herum, durch das dauernde ‚Bitte einsteigen', ‚Bitte aussteigen', ‚Bitte nachrücken' und all die Menschen im Wagen nicht von seinem Buch ablenken lässt, nicht einmal von der Zerstörung, die sich bei einem Blick durchs Fenster nach draußen bietet. Kreisten die Gedanken dieses Mannes nicht, wie bei allen anderen, ausschließlich um die Hauptthemen Essen, Kleidung, Unterkunft? Die Befriedigung dieser lebenswichtigen Grundbedürfnisse ließ bei den meisten Menschen zum jetzigen Zeitpunkt die Beschäftigung mit geistigen Themen in den Hintergrund treten. Während ich das grüne Buch in der Hand seines Lesers unverwandt anstarrte, dachte ich gleichzeitig an meine eigenen Bücher zu Hause und an die vielen aus meines Vaters Bücherschrank, die ich seit früher Kindheit und Jugend gelesen und liebgewonnen hatte. Sie weckten meine Neugierde für fremde Länder und Menschen, sie ließen mich in eine heile Welt eintauchen oder zeigten mir die grausamen Seiten des Lebens auf. Sie waren es, die mich der Realität enthoben und in eine andere Welt entführt hatten, besonders in den Zeiten des Krieges. Ging es dem Leser des grünen Buchs ähnlich wie mir?

„Bitte nachrücken", ertönte es jetzt erneut nach dem Passieren einer weiteren Haltestelle, und diesmal kam ich nun direkt neben der Sitzbank des Lesenden zu stehen. Ich neigte meinen Kopf schräg und konnte den Titel des Buches erkennen: „Der grüne Heinrich" von Gottfried Keller. Er war es also, der das ungeteilte Interesse des Mannes in abgenutzter, blaugrauer Fliegeruniform fand. Er war wohl ein deutscher Heimkehrer aus irgendeinem Gefangenenlager, ein Mensch auf der Suche nach seiner Familie, nach seinem Haus und nach menschlicher Nähe – so ging es mir durch den Kopf. Kaum hörte ich die an mich gerichteten Worte: „Setzen Sie sich bitte, Fräulein!", während eine dünne Hand auf den freien Platz neben ihm wies. Als ich zögerte, wiederholte der Mann seine Aufforderung, und diesmal gab ich der Bitte nach und setzte mich. Vorsichtig kam ein Gespräch in Gang, in dessen Verlauf ich auf die mir gestellten Fragen nur mit „ja" oder

„nein" antwortete. Es stellte sich bald heraus, dass wir dasselbe Ziel hatten. So standen wir an der Endstation auf dem Gehweg, ein jeder von uns einen Zettel mit einer Adresse in der Hand, unschlüssig, in welche Richtung wir gehen sollten. Wir beschlossen, uns gegenseitig bei der Suche nach der angegebenen Straße und Hausnummer zu helfen. Zuerst sollte ich als gebürtige Münchnerin ihn, den Fremden, zu seinem Ziel führen, worauf er mich zu meiner gewünschten Adresse begleiten wollte.

Nach einigen gemeinsamen Schritten hielt der Mann plötzlich inne, wandte sich mir zu und fragten mich: „Kennen Sie einen Juden, wissen Sie, wie ein Jude aussieht?" Bestürzt und verunsichert durch diese, wie mir schien, absurde und zusammenhanglose Frage, antwortete ich zaghaft: „Nein, ich kenne keinen Menschen, der Jude ist, und wüsste auch nicht, woran ich einen solchen erkennen sollte." Während ich für mich eine Erklärung suchte, warum mir ein Fremder solche unnötigen und beunruhigenden Fragen stellte, stieg in mir eine unerklärliche Angst auf, besonders, als der Mann fortfuhr: „Ich bin ein Jude, schauen Sie mich genau an, damit Sie wissen, wie ein Jude aussieht." Ich starrte ungläubig in das Gesicht des Mannes, während sein durchdringender Blick fragend und zugleich leicht zynisch auf mich gerichtet war.

In mir stieg eine schreckliche Erinnerung aus dem Jahr 1938 auf, als ich an der Hand meiner Mutter vorsichtig über die Scherbenhaufen eingeschlagener Schaufensterscheiben stieg. SA-Männer jagten verängstigte, klagende Menschen und schrien ihnen wüste Beschimpfungen nach: „Drecksjuden, wir werden es Euch schon noch zeigen!" Aber schon wurde diese Szene durch die Erinnerung an ein kleines, fünfjähriges Mädchen aus der Nachbarschaft weggewischt, die Freundin meiner jüngeren Schwester. Sie spielte gern mit dem blassen, ärmlich gekleideten Kind in unserer elterlichen Wohnung, doch plötzlich kam das Mädchen nicht mehr zu Besuch. Unsere Eltern erzählten, dass die kleine Edith Weinberg mit ihrer Familie weggezogen sei. Und schon stürmte die nächste Erinnerung auf mich ein, als ich an die prahlerischen Reden eines jungen Lümmels dachte, der im politischen Unterricht im Frühjahr 1944 von der Vernichtung und Ausrottung

des „Staatsfeindes Nr. 1", des „Ungeziefers" Jude tönte.
Sollte zwischen diesen, mich damals persönlich nicht betreffenden und daher verdrängten Geschehnissen und diesem Menschen hier, der behauptete, ein Jude zu sein, ein Zusammenhang bestehen? – Ganz bestimmt nicht, so hoffte ich jedenfalls; sah er doch aus wie jeder andere Mensch. Zudem trug er eine ausgemusterte deutsche Uniform und sprach ein fehler- und akzentfreies Deutsch. Was ich jedoch beim Weitergehen von dem Mann erfuhr, schockierte mich zutiefst.

Sein geordnetes und ruhig verlaufendes Leben mit Frau und Kindern, Verwandten und Bekannten in einer Kleinstadt in Litauen nahe der deutschen Grenze war durch den Beginn des Zweiten Weltkriegs jäh unterbrochen worden. Bald wurde er inhaftiert. Zusammen mit anderen Angehörigen der sogenannten gefährlichen Intelligenzia – Rechtsanwälte, Ärzte und Geschäftsmänner – war er ins Gefängnis gekommen, wo Hunger, Prügel und Beschimpfungen die Tage bestimmten. Er berichtete über zwei Jahre Ghettoleben, wo er mit seiner Frau, den Kindern und Schwiegereltern in einem Zimmer zusammengepfercht lebte. Er selbst war täglich unter Lebensgefahr unterwegs, um das Nötigste für die Familie zu beschaffen. Tag und Nacht schwebte die Angst vor Aushungerung und Liquidierung über ihnen. Letztere wurde seit 1941 systematisch durchgeführt, wobei vor allem alte, arbeitsunfähige Menschen und Kinder betroffen waren. Er berichtete weiter über den Verlust seiner Frau, seiner Kinder und Schwiegereltern, die er eines Abends, als er von der Arbeit heimkam, nicht mehr vorfand. Sie waren mit vielen anderen Unglücklichen während des Tages zusammengetrieben und in einem nahen Wald erschossen worden.

Der Mann versuchte, seine tiefe Verzweiflung, die grenzenlose Wut und Ohnmacht seinem Schicksal gegenüber in Worte zu fassen. Er erzählte, wie er seinem damaligen Wunsch nach Rache und Tod nachgeben wollte, wie er tagelang getobt und geschrien hatte und schließlich schwer erkrankte. Nach seiner Genesung wurde das Ghetto aufgelöst. Mit Hunderten arbeitsfähiger junger Männer wurde er ins KZ Stutthof bei Danzig verfrachtet, um dort beim Bau von Baracken und Zäunen mitzuarbeiten.

Im August 1944 wurden die noch gesunden Häftlinge des KZ Stutthof in einer dreitägigen Odyssee in verschlossenen Viehwaggons, ohne Verpflegung und mit nur wenig Wasser, nach Süddeutschland gebracht. Keiner von ihnen wusste, wohin die Reise führte, bis sie endlich halbverhungert im KZ Dachau ankamen. Von dort aus wurden sie in verschiedene Außenlager verteilt, z. B. nach Utting, Kaufering, Landsberg, Allach, Germering. Der Mann kam nach Utting, ein kleines Lager, wo jedoch die gleichen unmenschlichen Bedingungen herrschten wie im KZ Dachau. Er musste zusammen mit den anderen Häftlingen in einer riesigen Zementfabrik der Firma Leonhard Moll schwere Säcke auf dem Rücken zur Kleinbahn schleppen, Gräben für Elektromasten ausheben, und das alles im Eiltempo, angetrieben von Schlägen und Flüchen, mit leerem Magen, bei Kälte und Schnee und in völlig unzureichender Kleidung. Am Morgen und spät am Abend bei der Rückkehr ins Lager mussten sie endlos auf dem Appellplatz stehen, bevor sie in ihre Erdunterkünfte abtreten durften, um dort die Wassersuppe mit einem Stück Brot hinunterzuschlingen und mit der täglichen gegenseitigen Entlausung zu beginnen.

Etwa eine Woche vor Kriegsende hörten die Häftlinge mit Zweifel und Hoffnung das Gerücht, dass die Amerikaner nicht mehr allzu fern seien. Das Lager wurde kurz darauf tatsächlich geräumt, die Gefangenen zu Fuß nach Dachau getrieben und von dort, zusammen mit anderen Überlebenden auf den sogenannten Todesmarsch in Richtung Alpen gehetzt. Nach tagelangem Marsch bei Kälte und Regen und nach Nächten in verschneiten Wäldern wurden sie schließlich von den Amerikanern gefunden und befreit.

Das Herz krampfte sich mir bei dieser unfassbaren Geschichte zusammen. Wahrscheinlich entsprang das alles nur einem kranken Gehirn, oder ich hatte geträumt, aber der Mann hörte nicht auf zu reden. Kurz bevor wir bei seiner Adresse ankamen, verriet er mir das Ziel seiner Fahrt: Er wollte mit Hilfe gesammelter Lebensmittelmarken die verhasste Fliegeruniform, die aus Beständen der ehemaligen SS-Junker-Schule in Bad Tölz stammte, loswerden und durch einen Zivilanzug mit Hemd und Schuhen ersetzen. Er wollte, wie er sagte, langsam wieder, und sei es auch nur äußerlich, ein Mensch werden.

Auf ein Klingelzeichen öffnete sich zaghaft eine Wohnungstür.
Ein schweigsamer älterer Herr führte uns in eine bescheidene Wohnung, und bald erschien seine verhärmte Frau mit verschiedenen Kleidungsstücken ihres gefallenen Sohnes auf dem Arm. Ein kompletter Anzug samt Zubehör wurde gegen einen Packen Lebensmittelmarken getauscht, und eine um ihren Sohn weinende Mutter begleitete uns zur Tür. Auch mein Tauschgeschäft verlief befriedigend, nur kam bei mir nun keine Freude mehr über die Baumwolle in meiner Ledertasche auf. Meine Gedanken waren zu sehr mit dem beschäftigt, was ich von dem Mann – gegen meinen Willen – erfahren hatte. War es wahr? War es nicht wahr? – Ich hoffte von ganzem Herzen, dass es nicht wahr sei, denn ich wollte das Gehörte so schnell wie möglich vergessen und in meine gewohnte, behütete Welt zurückkehren. Alles sollte so bleiben, wie es bisher war, außer den zerstörten Städten und dem permanenten Hunger natürlich.
„Sie schweigen, Sie glauben mir meine Geschichte nicht", hub der Mann von neuem an.
„Ich kann Ihnen beweisen, dass ich nicht gelogen habe, wenn Sie mich nachmittags in der ehemaligen Flakkaserne in Freimann besuchen. Ich erwarte Sie um drei Uhr an der Haltestelle Freimann, denn alleine werden Sie den Weg nicht finden."
Kein Wort wurde weiter gesprochen, auch nicht auf der Heimfahrt mit der Tram. Ohne Abschiedsgruß stieg ich aus und eilte nach Hause. Innerlich hatte ich jedoch bereits beschlossen, nach Freimann zu fahren.
Als ich zu der genannten Uhrzeit dort ankam, ahnte ich nicht, dass mit dieser Fahrt mein bisher geführtes Leben endete und ein neuer, unbekannter Weg an der Seite dieses Mannes beginnen sollte.
Geblendet von der hellen Mittagssonne trat ich in einen völlig dunklen, breiten Gang, in dem ich nur schemenhafte Gestalten, die sich langsam bewegten oder auf dem Boden lagen, erkennen konnte, während mir ein widerlicher Fäulnisgeruch in die Nase stieg. Überlagert wurde die Szene von Schmerzens- und Klagelauten, aber auch Beschimpfungen und Verwünschungen hallten mir entgegen. Ich folgte dem Mann wie unter Hypnose eine Treppe hinauf, deren Stufen von zahlreichen elenden Gestalten besetzt waren.

Ein freundliches „Kummt herein, Fräulein, setzt sach" (jiddisch: Setzen Sie sich!) der beiden anwesenden Frauen erleichterte mir den Eintritt in den kahlen Raum, in dem es außer vier eisernen Bettgestellen nur noch einen nackten Tisch und vier Stühle gab. Der Mann – längst hatte ich begriffen, dass er mich mit seiner erschütternden Geschichte nicht belogen hatte – stellte sich nun selbst und seine beiden Cousinen namentlich vor. Das bewog mich, auch mich selbst vorzustellen. Sie fragten mich, wo ich die Kriegsjahre verlebt hätte und ob ich wisse, was im KZ Dachau und in vielen anderen Lagern geschehen sei. Mein „Nein", obwohl ehrlich, klang ziemlich kläglich. Ein Gefühl des Selbstzweifels begann von mir Besitz zu ergreifen. Wusste ich wirklich nichts? – Eine Erinnerung drang an die Oberfläche meines Bewusstseins. Ich dachte an die fröhlichen, unbeschwerten Radtouren mit meiner älteren Schwester hinaus ins idyllische Dachauer Land. Nach einem erfrischenden Bad in der Amper erklommen wir den Schlossberg, hielten uns im Park auf und zeichneten das Schloss. Getrübt wurde dieses Vergnügen nur bei der Hin- und Rückfahrt, die entlang eines hohen Stacheldrahtzauns verlief. Hinter dem Zaun sahen wir zwischen endlosen Barackenreihen Gestalten in gestreifter Sträflingskleidung. Was war an jenem Ort über die Jahre vor sich gegangen? Unsere Eltern, danach befragt, hatten uns eindringlich gebeten, die Nähe des Zauns zu meiden und unter keinen Umständen Kontakt zu einem Häftling aufzunehmen. Wir befolgten dieses Gebot, das uns gewiss vor etwas Schlimmem schützen sollte.

Jetzt beobachteten mich drei traurige, forschende Augenpaare, während ich langsam die mir angebotenen Butterbrote aß – eines nach dem anderen. Ich wollte nie damit aufhören, nicht nur wegen des Hungers, sondern auch, um nichts sagen zu müssen. Nämlich, dass wir nichts wissen wollten, von dem wir wussten, dass wir es wissen sollten. Dass wir von unseren Eltern, Lehrern und Verwandten genaue Informationen hätten fordern müssen, dass wir auch entgegen den Verboten die Hetzparolen in den „Stürmer"-Kästen eines Herrn Streicher gegen den „Staatsfeind Nr. 1, die Juden" hätten lesen sollen, um ihre Unwahrheit zu erkennen. Noch kannte ich weder Einzelheiten noch das Ausmaß der Verbrechen, die Deutschland und seiner Ex-Führung zur Last gelegt werden sollten. Der einst vielbe-

wunderte, geliebte, aber auch gehasste „Führer" hatte Millionen Menschen um ihr Leben betrogen; der „Führer", dem ich in Kindertagen auf Geheiß der Großmutter auf dem Obersalzberg ein Gedichtchen aufsagte, während er mir liebevoll seine Hand auf den Kopf legte. Das Gedicht lautete:
„Ich bin ein deutsches Mädchen,
Will werden deutsche Frau,
Weil ich auf Adolf Hitler
Und auf sein Werk vertrau'.

Darf grüßen heut' den Führer,
Der Deutschland neu erschuf,
Darf ihm auch Blumen bringen
Und folgen seinem Ruf.

Will jeden Abend beten,
dass Gott ihn lang' erhält,
Und unser liebes Deutschland,
Über alles in der Welt."

Nein, seit heute, seit diesem schicksalhaften Tag, stimmte das nicht mehr. Tränen der Wut und der Scham stiegen in mir hoch: Wut, weil ich meines, wie ich geglaubt hatte, ehrenhaften Vaterlands beraubt worden war, Scham vor den Menschen, denen durch mein Vaterland so unbeschreibliches Leid und Unrecht angetan worden war. Es waren Menschen, deren Gast ich trotz aller Geschehnisse sein durfte und die ich bis zu ihrem Lebensende auf einem steinigen Weg begleiten sollte. Denn nach Jahren der Bekanntschaft wurde ich die Frau des Mannes, den ich einst auf einer Straßenbahnfahrt vertieft in seinem Buch „Der grüne Heinrich" hatte lesen sehen.

Erika Hertel
SCHMUCKSTIEFEL

Sollte man wissen, um was es da eigentlich geht?
Man weiß es nicht. Es ist die Order.
Das Mädchen, acht Jahre, trippelt im Schnee. Ihre Füße schmerzen.
Sie trägt viel zu große Stiefel. Die Schäfte beiger Filz, die Schuhe hellbraunes Leder. Zuhause hat Mutter ihr ein Päckchen in die Stiefel gesteckt.
„Lass das ja drinnen", sagte sie.
An der Grenze. Düsternis, Feuchtigkeit kriechen in die Knochen. Tschechische Soldaten trampeln mit den Stiefeln auf das Eis. Kalte Gewehre hängen an ihren Schultern. Die Soldaten durchsuchen die Flüchtlinge.
Das Mädchen geht ein wenig seitwärts. Es verlässt die wartende Gruppe. Es setzt sich auf einen Stein. Es zieht den rechten Stiefel aus und holt das in Zeitungspapier gewickelte Päckchen heraus. Es steckt es in die Manteltasche. Da sieht es die Augen des Soldaten gegenüber. Ein angstvoller Schmerz schlägt in den Magen des Kindes. „Er hat es gesehen!"
Mit Erstaunen bemerkt das Mädchen, dass der Soldat lächelt, während er es anschaut.
„Was wird er jetzt machen", denkt das Kind, „kommt Mutter ins Gefängnis, wie Vater? Was mache dann ich? Und Paul? Vielleicht hat er nichts gesehen? Er hat ja gelächelt. Oder ... er hat vergessen, was er gesehen hat? Mir tut der Bauch weh. Ich gehe jetzt zurück zu Mutti".
Das Mädchen steht auf, schlurft, den Kopf gesenkt, zur wartenden Gruppe. Mutter und Bruder stehen in der Schlange. Der Soldat durchsucht die Wartenden weiter. Nun sind sie an der Reihe. Die Mäntel müssen geöffnet sein, die Körper der Flüchtlinge werden abgetastet, die Manteltaschen

durchsucht. Der Soldat sieht das Mädchen. Den Blick seiner Kindheit in den Augen des Mädchens. Zärtlichkeit spürt er vage, Wärme strömt in sein Inneres. Er erahnt Liebe, ein helles Licht. Der weiße Schnee. ‚Wir sind Verlorene. Alle', denkt er.

Er sieht seinen schlagenden Vater, den Ledergürtel, seine weinende Mutter, die sich vor ihn wirft. Sein Schrei, sein Schmerz berühren ihn, und er weiß, dass er das Kind schützen wird.

Der Soldat fordert das Mädchen auf, die Stiefel auszuziehen. Das Mädchen blickt auf Mutters entsetzte Augen. „Gib her", befiehlt er. Er schaut in die Stiefel. „Anziehen", kommandiert er. Das Mädchen folgt. Sie werden durchgewinkt.

Auf der anderen Seite sucht das Mädchen die Augen des Soldaten, sucht das Lächeln. Es sieht sie nicht. Der Soldat durchsucht weiter die Mäntel der Frauen, Kinder, alten Männer.

Man weiß noch immer nicht, um was es geht.

Es gilt die Order. Natürlich.

LERNEN UND ERWACHSENWERDEN

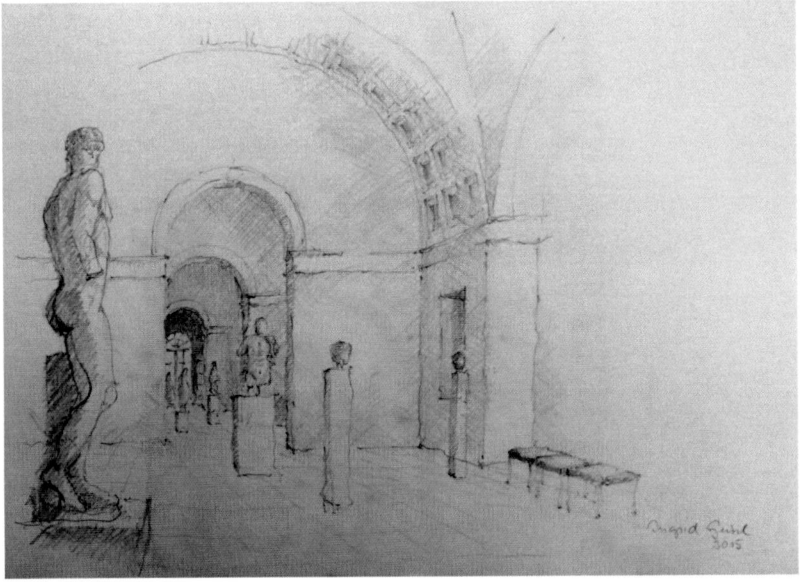

Elisabeth Groß
„DANN ZIEHST DU EBEN ZU UNS"

Die Oberschule in Lindenberg im Allgäu, die ich besuchte, war auf sechs Klassen eingerichtet und führte zur Mittleren Reife. Ich strebte aber das Abitur an und fand, dass ich die sechste Klasse – heute die zehnte – als Teil der Oberstufe bereits an der neuen Schule antreten sollte. Wo, das war für mich keine Frage: ich wollte nach München. Vater, der auch dienstlich dort zu tun hatte, unternahm es, für mich eine passende Schule mit Internat ausfindig zu machen.

Heute werde ich manchmal gefragt, wieso meine Eltern nicht lieber für mich ein weniger bombengefährdetes ländliches Internat bestimmt hätten. Vielleicht war ihnen die Gefahr nicht so bewusst. Schließlich lebte aber auch Großmutter in der Stadt, ohne die Gefährdung zu beklagen.
Sie respektierten ganz einfach meinen Wunsch, sogar, dass ich nicht nach Pasing, sondern in die Innenstadt ziehen wollte, ins „Anger", benannt nach dem Kloster der Armen Schulschwestern, denen aber die Naziherrschaft Schule und Internat entzogen hatte. Beides lag nun in Händen weltlicher Kräfte. Die Schwestern durften nur noch die niederen Dienste ausführen: Putzen, Kochen, Geschirrspülen.
Das „Anger" war aber trotzdem eine Schule, wo die verordnete Gleichschaltung mit dem Geist der NSDAP nicht so ganz funktionierte, wenn auch unter der Decke.
Meine Zimmergenossin, mit der ich mich gleich gut verstand, gehörte zu dem altsprachlichen Zweig der Schule, für die weiterhin die Bezeichnung Gymnasium galt. Sie machte mich bekannt mit ihrer Klasse, die – sicher

nicht ohne Zutun der Klassleiterin – fast geschlossen gegen den Nazitrend war. Sie hielt zusammen wie Pech und Schwefel, ging gemeinsam „auf Fahrt", wo im Heu übernachtet wurde und im Freien abgekocht. Es war selbstverständlich, dass die halbjüdische Mitschülerin, welche nicht an der Schule hatte bleiben dürfen, weiterhin dazugehörte. Da ich mich in meiner Klasse nicht heimisch fühlte, „adoptierten" sie mich einfach, so dass ich bis zuletzt, da wir im hohen Alter nur mehr zu zweit sind, bei ihnen Mitglied bin.

Religion galt zwar offiziell als subversiv, als den Idealen der Naziideologie zuwider – und wurde von der allgegenwärtigen Propaganda als ein Phänomen dargestellt, das nur Hohn und Spott verdiente. Widerspruch war selbstmörderisch und offen nicht möglich, aber eine widerspruchsbereite Jugend fand sich in kleinen Gruppen heimlich zusammen. Im Schülerheim gab es eine solche, für die ich mich gerne gewinnen ließ, angeführt von einer Erzieherin, die in Bogenhausen, einem Stadtteil im Osten der Stadt, zu Hause war. Sie begeisterte uns für eine charismatische Gestalt, die dort wirkte, den Jesuitenpater Alfred Delp. Donnerstags, um 6 Uhr früh, lud er zu einer Gemeinschaftsmesse ein. Eine aufregende Neuerung in der katholischen Liturgielandschaft, bei welcher wir den Altar umstanden, nicht nur deutsche Lieder sangen, sondern den deutsch gesprochenen Gebeten des Priesters auch in unserer Sprache antworteten. Galt doch immer noch die Meinung, dass Gott nur auf Latein angemessen anzusprechen sei und dass Laien im Presbyterium nichts zu suchen hätten.

In unserer Begeisterung störte uns das frühe Aufstehen nicht im Geringsten.

Aus der Schule war inzwischen der Unterricht in Religion verbannt. Unter Schülerinnen gab es aber eine Art Börse, wo ausgetauscht wurde, wo man sich diesen Unterricht selber beschaffen konnte. Die einen schworen auf den beliebten Kaplan Simmerding, benannt als „Simmerl vom Dom", andere fanden andere Adressen gut, ich wusste, dass für mich Pater Delp der Lehrer meiner Wahl war. Dessen Unterrichtsstunden – sie durften ja nur im engen Kreis der Kirche stattfinden – fielen natürlich nicht eben mit den Ausgehzeiten des Internats zusammen. Ich musste heimlich ausbüxen, ebenso zu den Gruppenstunden des „Heliand", der natürlich verbotenen

Vereinigung studierender katholischer Mädchen, der ich mich auch angeschlossen hatte.
Es durfte ja nur die Hitlerjugend mit ihren verschiedenen Formationen geben, welche die Jugend vom Schulalter an nicht aus den Klauen ließ. Mir war es gelungen, mich dem zu entziehen, wobei sicher die verschiedenen Ortswechsel hilfreich waren. Ich fühlte mich angenommen in der Gemeinschaft von Freundinnen, die sich nicht hatten vereinnahmen lassen und nicht mit dem Strom schwimmen wollten.
Verboten zu sein, sich zu treffen in Heimlichkeit, zuweilen in Privatwohnungen, meist aber im Turmstübchen des St.-Georg-Kirchleins, auf einfachen Hockern um den Tisch, auf dem eine Kerze brannte, erfüllte uns mit Begeisterung. Wohl fühlten wir uns zur Kirche gehörig, wohl hielten wir zu ihr, je mehr wir sie verhöhnt und verletzt erfuhren. Aber in oft heftigen Debatten versuchten wir, eigene Antworten auf die Fragen unserer Zeit zu finden.
Zu Pfingsten war die „Pfingstfahrt" fällig, daran sollte auch der Krieg in seinem fortgeschrittenen Stadium nichts ändern. Man war nur übereingekommen, abends wieder zu Hause zu sein – man wusste ja nie, was vielleicht inzwischen passiert sein könnte. Das hieß aber: in aller Morgenfrühe aufbrechen. Von meinem Schülerheim aus würde das nicht möglich sein. Kein Problem, fand Elisabeth, die älteste Tochter des Hauses, wo wir uns diesmal getroffen hatten, gleichaltrig mit mir, und erwirkte mühelos eine Einladung für mich.
So stand ich also am Pfingstsamstag (oder war es schon einen Tag früher?) vor der grünen Haustür und drückte die Klingel. Ein wenig ehrfürchtig war mir schon zumute, denn das ganze Ambiente war so viel großzügiger, als ich es von meinem Zuhause her gewohnt war.
Ein arger Husten quälte mich zu der Zeit; die Mutter des Hauses, die mich herzlich willkommen geheißen hatte, verordnete sogleich den hausüblichen Tee für solche Leiden, nämlich „Isländisch Moos". „Er schmeckt gräuslich", sagte Elisabeth, „aber er hilft!" Ich hätte weit Schlimmeres in mich hineingeschüttet vor lauter Verehrung, und er verfehlte auch seine Wirkung nicht.
Das Pfingstwetter meinte es gut mit uns. Beim ersten Morgenlicht ver-

sammelten wir uns in der Hauskapelle in der Neuberghauserstraße, Pater Delps Wohnung, wo er mit uns den Gottesdienst feierte, wie wir es gewohnt waren, als verschworene Gemeinschaft.

Die erste Trambahn, der früheste Zug waren so gut wie leer und wir sangen unsere Lieder, alte, aus dem „Zupfgeigenhansel", welche auch die Hitlerjugend einfach vereinnahmt hatte, und andere, aber wer fragte da in dieser Morgenstunde schon, wo wir sie herhatten.

Eines, das wir besonders liebten, begann mit den Worten: „Jenseits des Tales" und erzählte die Geschichte von einem jungen König und dessen schmerzlichem Verzicht auf seine Liebe zu der anmutigen Marketenderin im Gefolge seines Feldzugs. Wir sprachen darüber, was es uns zu sagen hätte. Es war eine Zeit von Pathos und großen Worten und Bildern. In unserem geheimen Turmstübchen hatten wir Dürers „Ritter zwischen Tod und Teufel" hängen und ein großes Schriftbild: „Die Tafel des Edlen".

Als wir am Pfingstmontagabend heimgekehrt waren, trafen wir in der Diele die Eltern Kreuser im Gespräch mit Pater Delp an, der sich mir gleich zuwandte: „Ich möchte dir gerne eine Heliandgruppe anvertrauen, willst du das übernehmen?" Das hätte ich wirklich nicht erwartet, hatte er doch vor kurzem erst zu mir gesagt: „Es gibt Leute, wenn die irgendwo hinkommen, kommt das einer Thronbesteigung gleich". Das Wort hatte mich recht betroffen gemacht, aber wie ich mich auch bemühte, mich zurückzunehmen, es war mir nicht recht gelungen. Und nun das!

„Ich würde es ja sehr gerne übernehmen", gab ich zur Antwort, „aber von meinem Schülerheim aus wird es nicht möglich sein; erst vor kurzem hat mich der Direktor verwarnt, weil ich das Heim immer wieder unerlaubt verlassen hatte, um am Religionsunterricht bei Ihnen oder an den Gruppenstunden des Heliand teilzunehmen".

„Das soll das Problem nicht sein", warf Mutter Kreuser ein, „dann ziehst du eben zu uns!" So einfach ging das, ich konnte es nicht fassen. Auf der Stelle wurde ein Telefongespräch mit meinen Eltern eingeleitet. Diese – gewohnt, mir volles Vertrauen zu schenken, auch in meinen Entscheidungen, was mein Leben betraf – stimmten zu, ohne Wenn und Aber.

So zog ich also ein in die Laplacestraße 23, wo mir das Nähzimmer der Hausfrau als mein Platz zugewiesen wurde. Die Kinder des Hauses standen

den Eltern an Großmut nicht nach, nahmen mich auf wie eine Schwester und es dauerte nicht lange, bis ich mich ganz zugehörig fühlte. Heute will es mir scheinen, als wäre ein wenig mehr Bescheidenheit und Zurückhaltung wohl angebracht gewesen, aber ich nahm, was wie selbstverständlich geboten war, genau so an.

Um 1943 war die Versorgungslage für die Bevölkerung bereits schwierig geworden. Einen weiteren Esser am Tisch zu haben, erleichterte ganz sicher die Aufgabe nicht, eine ganze Anzahl Heranwachsender satt zu kriegen; mit mir war die Zahl derer auf fünf angestiegen, nicht zu rechnen die drei Kleinen. Und es wurde redlich geteilt!

Als Frühaufsteherin wurde mir die Aufgabe des Weckens zugeteilt. Kado, den Sohn des Hauses, pflegte ich mit den freundlichen Worten aus dem Schlaf zu schrecken: „Steh auf, du fauler Strick!" Er brauchte ja nicht zu wissen, wie sehr ich für ihn schwärmte!

Am Frühstückstisch empfing mich dann eines Tages der Hausherr lachend mit den Worten: „Du gehst ja ganz schön grob mit unsern Gästen um!" Es war mir entgangen, dass Kado nächtens sein Zimmer einem jener diskreten Gäste hatte überlassen müssen, die manchmal mit kleinem Gepäck zur Dämmerzeit an der Haustür läuteten und morgens früh, oder auch ein paar Tage später, gestärkt und mit weiteren Empfehlungen versehen, ebenso leise wieder verschwanden.

Morgens nach dem Frühstück versammelten wir uns im Salon, wo auf dem Kaminsims eine Schutzmantelmadonna stand. Ein junger Künstler hatte sie geschnitzt, ganz auf die Familiensituation bezogen – ich meine, er hieß Moroder. Ein Morgengebet, meist ein Lied, dann wurden die Kinder in den Tag entlassen, jedes mit einem Kreuz auf die Stirn gesegnet. Ob ich auch hintreten durfte? Ich wagte es mit klopfendem Herzen und wurde ganz selbstverständlich einbezogen.

Dann galt es, die Neuner, die Straßenbahn, zu erreichen. Gewöhnlich war ich knapp dran mit der Zeit; wenn die Bahn am Herkomerplatz abläutete und ich schon an der Ecke der Sternwartstraße angekommen war, konnte ich sie unter höchstem Schnelllaufeinsatz noch schaffen. Das tägliche Training verhalf mir wenigstens in dieser Disziplin zu einer guten Sportnote. Die Fliegerangriffe auch tagsüber machten gelegentlich die Heimkehr zu einem Abenteuer. Über rauchende Trümmer steigend, suchte ich zu Fuß meinen Weg. „Wissen Sie, wie es in Bogenhausen aussieht?" fragte ich immer wieder Passanten, gab es aber dann auf, denn der eine antwortete: „da ist alles hin" und ein anderer: „na, da ist nix passiert". Herzklopfen, bis zuletzt endlich das Haus sichtbar wurde, unversehrt, Gott sei Dank!

Man sah ihm ja nicht mehr an, dass es vor gar nicht langer Zeit lichterloh gebrannt hatte, ein Opfer von Brandbomben. Nicht ohne Stolz zeigte der Hausherr das Plakat, das die Lokalbaukommission an die Ruine geheftet hatte: „Betreten verboten, Einsturzgefahr". Das unglaubliche Kunststück des Wiederaufbaus war gelungen nach dem heldenhaften Kampf gegen die Flammen, ohne die Hilfe der nicht verfügbaren Feuerwehr. Es ging ja um das Heim für sieben Kinder!

Ingeborg Schluckebier
SCHULSAMMELN

„Waas?", sagt meine Mutter, „Altmaterial sammeln? Das ist ja die Höhe, kleine Mädchen zum Betteln schicken und dafür eine ganze Woche die Schule ausfallen lassen". Und dann auch noch das Winterhilfswerk. Da wird sie aber hingehen und fragen, wie man sich das an höherer Stelle so vorstellt und überhaupt. Sie schaut mich prüfend an. An meinem Gesicht kann sie ablesen, dass mir das wieder einmal wurschtegal ist. Da würden die mit ihrer Sammelei meine sprichwörtliche Faulheit direkt unterstützen. Wo doch eine gute Schulbildung das A und O sei, damit man es im Leben zu was bringt.

Wieder Voralarm, Mantel und Schuhe anziehen, Kennmarke umhängen. „Nimm deine Schulsachen mit", sagt Mama, „und die beiden Decken aus dem Schlafzimmer". Schulsachen, denk ich, jetzt spinnt sie ganz. Als ob ich lernen könnte, während uns die Bomben auf den Kopf fallen. „Nur damit deine Schulbücher nicht kaputtgehen", sagt sie, so, als hätte sie meine Gedanken lesen können. Dann warten wir.

Noch schnell Tee kochen, bevor das Gas abgeschaltet wird. Wer weiß, wie lange es wieder dauert. Und Brot mitnehmen. Entwarnung, gleich darauf wieder Voralarm. Die Schulgeschichte regt Mutter jedes Mal auf, das müsse ich verstehen. Ob ich das verstehe, fragt sie. Ich nicke, ja, irgendwie schon, „aber ich kann doch auch nichts dafür".
Meine Mutter hockt vorm Radio und sucht den Laibacher Sender. Der tickt. Solange der tickt, haben wir es noch nicht überstanden. „Da liegt

was in der Luft." Auf jeden Fall wird sie wieder mehr mit mir üben. Das Einmaleins und Grammatik.

„Ich, meiner, mir, mich, du, deiner, dir, dich, wir, unser, uns, uns ..."
Beim Kränzchenflechten, da hat man so schön Zeit. Ich stocke, „ja und, weiter?" fragt Mutter und flicht die nächste Strähne fest in den Zopf. „Ihr, euer, euch, euch ...", das muss sitzen, im Schlaf müsse ich das hersagen können. So was wird verlangt auf der höheren Schule.

Und auf keinen Fall beim Sammeln eine fremde Wohnung betreten. Schon gleich gar nicht, wenn da ein Mann öffnet. Oder irgendwelche Sachen aus einem dunklen Keller holen. Da kann ja wer weiß was passieren. Nein, nein, kleine Mädchen zum Sammeln schicken.

Das Ticken im Radio hat aufgehört. „So, jetzt ist die Luft wieder rein". Mama packt die Brote wieder aus. „Wo fangt ihr denn an mit der Sammelei?". Ich zeige ihr den Plan.

Am nächsten Morgen zieh ich los mit meinem Kartoffelsack. „Dass du mir ja in keine fremde Wohnung reingehst", ruft mir meine Mutter nach, „hörst du!".

„Lumpen, Knochen, Eisen, Papier, alles Wertvolle sammeln wir!" – In jedem Hof sagen wir unseren Spruch auf und gehen dann zu zweit in die Häuser.

Frau Metzgermeister Wohlauf, Gold an den Wurstfingern und Rüschen bis unters Kinn, damit ihr faltiger Hals verdeckt wird, schaut mich neugierig an. Ob ich vielleicht die Tochter vom Liebl Hanni sei, fragt sie. Ja, das hat sie sich gleich gedacht. Runtergrissen das Gsicht vom Hanni hätt ich. Der Julius, ihr Mann, „Gott hab ihn selig", ist nämlich auch bei den Fußballern gewesen. So ein ganz feiner Mensch sei der Hanni, hat der immer gesagt, und so hilfsbereit. Und ob der Papa mal bei ihr vorbeischauen könnt, soll ich ihm ausrichten, weil der Wasserhahn tropft. Heut kann sie uns leider gar nichts geben. Erst gestern hat sie die ganzen Zeitungen auf den Fußboden unter die Teppiche gelegt. Ihre Parterrewohnung sei halt so fußkalt und mit den Zeitungen, das wärmt. Dann verschwindet sie doch noch im Gang und bringt uns fünf Weinkorken. Und die Erika überlegt, ob die Frau Metzgermeister Wohlauf den Wein selber gesüffelt hat, oder ob die vielleicht gar einen Hausfreund hat.

Beim Kommerzienrat Ehrenguth wird erst die Sperrkette eingelegt, bevor sich die Tür einen Spalt öffnet. „Zwei Mädchen, Herbstsammlung", ruft Kati, die Haushälterin, nach hinten. Die Kette fällt und die Tür öffnet sich. Dann erscheint Kommerzienrat Ehrenguth in feiner Kamelhaar-Hausjacke und Pantoffeln. Auf dem Flur steht eine geschwungene Kommode, darüber ein schwarzer Kasten, das Telefon. An der Garderobe hängen Hut, Stock und Lodenmantel.

Die Kati wird uns Zeitungen aus dem Keller holen, sagt er, und die alten Romanhefte, die wollte er immer schon loswerden. Wie dieser Schund in seinen Keller geraten konnte, das sei ihm ganz unverständlich. Wobei er nicht sieht, wie die Kati mit den Augen zwinkert.

Dann schlurft er ins Wohnzimmer mit dunklen Möbeln und einem Gemälde mit Schiffsuntergang auf dem Ozean. Er kommt mit einigen Büchern zurück. Ob wir jemanden wüssten, der gern liest, fragt er, denn die seien für die Sammlung fast zu schade. Hier, „Der Tod des Iwan Iljitsch" von Leo Tolstoi, von dem habe er ja noch die Gesamtausgabe. „Ich", sag ich zögernd, „ich lese gern", und weil er mich so erstaunt anschaut, setz ich hinzu „und meine Mutter auch". Ja, wenn das so sei, sagt der Kommerzienrat freundlich, dann könne ich mir am Nachmittag eins der Bücher abholen.

Dann bringt er eine Silberschale mit Bonbons aus dem Wohnzimmer. „Karamellbonbons, für jede zwei", sagt er, wobei ihm sein Gebiss über die Unterlippe rutscht. Es ist gelblich und hat auf einer Seite einen goldenen Haken. Er schiebt es zurück, „Karamellbonbons sind nichts mehr für mich".

Das mit den Guatln sei recht anständig gewesen von dem Alten, sagt Erika nachher. Hinter der nächsten Hausecke kramt sie im Sack nach den Romanheften. Sie sucht zwei heraus, hebt ihr Kleid hoch und steckt sie in die Unterhose. „Du hast nix gesehen", sagt sie zu mir, „von wegen Volkseigentum und so". Die Hefterl sind dann gleich das Weihnachtsgeschenk für ihre Mutter und die Else. Und wenn ich mir das Totenbuch hole, hat sie auch nichts gesehen.

Im Heizkeller unserer Schule wird das Altmaterial sortiert und gewogen. Das hat der Offiziant unter sich. Er steht an der Tür, „dass mir da ja keiner Visematenten macht", sagt er und schaut in jeden Sack. Korken – zweite Reihe in die Persilschachtel. Für 200 Gramm gibt es zwei Punkte. Bei Erika und mir reicht es nur für einen. Metall wird pfundweise abgerechnet und bringt fünf Punkte. „Wenn jetzt net bald a Ruah ist da hinten", brüllt der Offiziant und hebt die Hand, dann fällt bei ihm der Watschnbaum um. „Malefizkrüppl, elendige!". Für alles ist er zuständig und ausgerechnet heut, an seinem freien Nachmittag. Brauchbare Kleidung und Schuhe kommen in eine extra Kiste für Ausgebombte oder in den Tauschkeller der Schule am Rotkreuzplatz.

„Ich bin sehr stolz auf euch, Kinder", sagt Frau Direktor Jahn nach der Sammelwoche in der Turnhalle, „ihr habt euch tapfer geschlagen!" Ja, Erika und ich, wir lächeln uns zustimmend an.

Horst Nothoff
DESSAUER JAHRE

Meine Erzählung will ich in Mecklenburg beginnen, denn dort wurde ich in einem Dorf, unweit von Schwerin, in einer Molkerei geboren. Das Dorf Alt-Meteln war von der Eisenbahnstation Lübstorf mit Pferd und Wagen zu erreichen.
Meine Mutter, Hildegard Kehrhahn, eine blonde, zierliche Frau, stammte aus dem benachbarten Dorf Grevenhagen, welches aus nur drei Gehöften bestand, einem Gutshof und zwei großen Landwirtschaften. Wegen der abgeschiedenen Lage des Dorfes Grevenhagen wurde meine Mutter mit ihren drei Geschwistern von einer Erzieherin im Hause der Landwirtschaft unterrichtet, bevor sie auf ein Internat nach Schwerin kam, dort das Lyzeum besuchte und abschloss.

Bei meiner Geburt war meine Mutter zwanzig Jahre alt. Mein Vater, Willi Nothoff, der Molkereibesitzer, war fünfzehn Jahre älter. Als ich drei Jahre alt war, verkaufte mein Vater seine Molkerei und gründete in Frankreich eine neue Existenz. Meine Mutter ging wenig später mit mir zurück nach Deutschland, zog nach Schwerin und ließ sich scheiden. Mit Hilfe des Vaters eröffnete sie ein Lebensmittelgeschäft und sie lernte Ernst Siebert, einen Flugzeugkonstrukteur, kennen.
Ich war ungefähr sechs Jahre alt, da zog meine Mutter mit mir nach Dessau. Dort ging sie mit Herrn Siebert eine neue Ehe ein und so hatte ich nun einen Stiefvater. Und hier beginnen die „Dessauer Jahre".
Wir bewohnten ein hübsches, aber doch sehr bescheidenes Häuschen, mit einem, nach meinem damaligen Empfinden, sehr kleinen Garten. Ich erin-

nere mich noch an einige Stachel- und Johannisbeersträucher, Kirsch- und Apfelbäume und wenige Gemüsebeete.

Während meiner ersten Schuljahre prüfte mein Stiefvater gern meine Schulfortschritte. Ich war ein mittelmäßiger Schüler. Es machte ihm merklich Freude, mir oft zusätzliche, von ihm erdachte Rechenaufgaben aufzutragen. Da ich diese häufig nicht verstand und deshalb nicht löste, wurde ich mit „Kopfnüssen" bestraft. Kopfnüsse sind schmerzhaft – eine fatale Erziehungs- und Strafmethode. Mit Beginn des Krieges wurde mein Stiefvater zur Luftwaffe eingezogen. Die Ausbildung als Pilot war ein Teil seines Berufes bei den Dessauer Junkerswerken, und so war es naheliegend, dass er als Flieger gebraucht wurde. Für mich war damit die Zeit der Kopfnüsse zu Ende.

1941 kam ich in das Friedrichs-Gymnasium, gleichzeitig wurde ich „Pimpf" beim Jungvolk, einer Vorstufe zur Hitlerjugend. Es begann ein völlig neuer Lebensabschnitt, der meine weitere Entwicklung stark beeinflussen sollte. Ich will diesen Zeitraum auch als eine Zeit der Abzeichen beschreiben.

Auf dem Weg zur Schule begegnete ich des Öfteren einem mit einem schwarzen Anzug gut gekleideten Herrn. Er war nicht groß, und da er nicht auf dem Bürgersteig ging, erschien er mir noch kleiner. Als Abzeichen trug er einen „Judenstern", sein Weg war die Gosse! Wir schauten uns oft stumm an, und er schien froh zu sein, dass ihn jemand einfach nur ohne Groll wahrnahm. Als er einige Zeit nicht mehr kam, vermisste ich ihn.

In der Schule hatte ich schnell Freundschaften geschlossen. Erwähnen will ich nur die, die sich später als außerordentliche Freunde erwiesen: Otto Koch, genannt „Kokse". Die Eltern hatten ein Lebensmittelgeschäft. Rienzi Stortz, genannt „Renzi", dessen Eltern eine Konditorei und Bäckerei besaßen. Und Werner Eckart, genannt „Schnecke". Seine Kinderjahre hatte er mit den Eltern in London verbracht. Mit Kriegsbeginn war die Familie

„heim ins Reich" geholt worden, so war damals die offizielle Bezeichnung. Ich selber saß auf der Schulbank immer neben Schnecke. Warum ich den Spitznamen „Schniepel" hatte, ist mir nie klar geworden. Schnecke war jedenfalls mein bester Freund. Er lud mich oft zu sich nach Hause ein. Wir machten gemeinsam Schularbeiten. Wichtiger aber war das Billardspielen. In seiner elterlichen Wohnung stand ein großer Billardtisch und Schnecke war ein guter Lehrmeister. Renzi und Kokse waren hilfreiche Lieferanten, wenn die im Krieg so knapp rationierten Lebensmittel meinen Hunger wieder einmal nicht stillen konnten. Dabei drückten selbst die Eltern ein Auge zu, wenn ich in der Bäckerei oder im Lebensmittelladen aus den Regalen eine Zuwendung bekam.

Unsere Lehrer hatten fast ausnahmslos ein Abzeichen an den Sakkos, nämlich das der NSDAP. Unser Führer und Reichskanzler hatte ja mit Beginn der Machtübernahme ein Programm zur Formierung der Massen aufgestellt. Nur unser Physiklehrer trug, wohl wegen seiner Verwundung aus dem Ersten Weltkrieg, kein Parteiabzeichen, dafür aber eine Beinprothese. Diese setzte er gelegentlich bei Ungehorsam eines Schülers als Trittinstrument ein. Auch meine beiden Großväter trugen am Sonntagssakko ihr Parteiabzeichen. Die Schwester meines Stiefvaters schmückte sich mit einem BDM-Abzeichen (Bund Deutscher Mädel), ihr jüngerer Bruder hatte ein HJ-Abzeichen.

Als Pimpf trug ich eine Uniform, bestehend aus schwarzer Kniehose, Braunhemd, Schlips und Knoten, Koppel mit Fahrtenmesser und Schulterriemen. Diese Bekleidung war mein Abzeichen. Ich war stolz, ein Pimpf zu sein. Mindestens einmal wöchentlich mussten wir Pimpfe zum „Dienst". In der Schule durfte ich während der Sing-Unterrichtsstunde nicht mitsingen, da ich angeblich „keine Stimme" hatte. Ganz anders verhielt es sich im Dienst. Hier wurden auf Kommando Lieder so laut gesungen, heute würde man sagen „gegrölt", dass es auf Musikalität nicht ankam. Es ging ja nur um die Einstimmung aufs „Dritte Reich", auch „Tausendjähriges Reich" genannt.

Etwa 1943 wurden wir in der Schule informiert, dass wir wegen zu erwartender Luftangriffe in ein sogenanntes Kinderlandverschickungslager kommen sollten. Um dem zu entgehen, beschloss ich in Abstimmung mit meiner Mutter und meinem Stiefvater, die Schule zu wechseln. Ich wollte unbedingt eine NPEA, eine Nationalpolitische Erziehungsanstalt, besuchen und meine Eltern hatten nichts dagegen. Voraussetzung dafür war jedoch eine einwöchige Aufnahmeprüfung. Alle Lehrer dieser Anstalt trugen ausnahmslos SA-Uniformen. Die Prüfung habe ich in allen Fächern bestanden, außer im Fach Turnen mit Schwerpunkt Boxen. Hier sollte ich meinen Mut unter Beweis stellen. Mein Gegner war gleichaltrig, aber etwas kräftiger als ich. Als ich die ersten Schläge einstecken musste und nicht ansatzweise eine Gegenwehr aufbaute, schließlich mit blutender Nase hilflos dastand, wurde der Kampf abgebrochen. Es war das Ende des Traums vom Besuch einer Nationalpolitischen Erziehungsanstalt. Etwas demütig kam ich wieder in Dessau an.

Der Termin zur Verlagerung unserer Schule nahm konkrete Formen an, unsere Klasse wurde nach Stendal verlagert. Ich wurde einer Bauernfamilie namens Ahl im Ortsteil Röxe zugewiesen und dort sehr gut aufgenommen. Herr Ahl war ein fanatischer Anhänger des „Dritten Reiches". Jeden Abend saß er an einem Reißbrett und entwarf Details zu einem Einmann-U-Boot. Er wollte damit einen Beitrag zum Sieg über die feindliche Flotte liefern. Als seine Entwürfe als nicht brauchbar abgewiesen wurden, war seine Enttäuschung grenzenlos. Zur Familie Ahl gehörte ein Schwiegersohn. Auch er trug ein Abzeichen, doch ganz anderer Art. Sein linkes Bein war nur noch ein kurzer Stumpf. Dafür war er mit dem Verwundetenabzeichen „ausgezeichnet" worden.

Irgendwann wurde unsere ganze Klasse nach Hasserode im Harz umgesiedelt, da nun auch Stendal das Ziel von Luftangriffen werden konnte. Vorbei war es mit Privatquartieren; wir wurden im Gasthaus „Graf Hasso" untergebracht. Der große Saal wurde unser Schlafsaal, geschlafen wurde auf Stroh. Unterrichtet wurden wir von einem neuen, älteren Lehrer, er war gleichzeitig unser Schulleiter. Der Unterricht und das gemeinsame Essen fanden in einem kleineren Saal statt.
Eines Tages wurden wir über die Bombardierung der Stadt Dessau in-

formiert. Kurz darauf kam meine Mutter nach Hasserode angereist. Sie wirkte erschöpft und niedergeschlagen, am Revers trug sie jetzt ein Rote-Kreuz-Abzeichen. Sie berichtete, wir seien ausgebombt. Wir hatten nun kein Zuhause mehr. Ich nahm es relativ gelassen, denn wir waren zuvor schon hin- und hergereist, umgezogen, ich hatte Spielkameraden verloren und war auch vorgewarnt: es gehörte beinahe schon dazu, dass man möglicherweise sein Zuhause verliert. Das ganze Viertel war ausgebombt. Zuvor war meine Mutter dienstverpflichtet und nach kurzer Ausbildung als Rote-Kreuz-Schwester zur Betreuung von Verwundeten im Lazarett eingesetzt worden. Dadurch hat sie die Bombardierung im Lazarett überstanden, ohne körperlichen Schaden zu nehmen.

Wir bekamen eine neue, komplett möblierte Wohnung in der Nähe zugewiesen. Die Inhaber dieser Wohnung waren wegen der zu erwartenden Luftangriffe zu Verwandten aufs Land geflüchtet. In solchen Fällen war es Pflicht, den Wohnungsschlüssel einem für den Bereich zuständigen Parteiobmann zu übergeben. Dieser konnte dann bei Bedarf frei über die Wohnung verfügen. Somit hatten wir eine neue Bleibe.

Die nächste Zeit brachte große Veränderungen: Hitlers Blitzkriege eroberten große Teile Europas und einen Teil von Nordafrika. Der Luftwaffe wurden zur Unterstützung junge Frauen, sogenannte „Blitzmädels" zugewiesen. Mein Stiefvater verliebte sich in eines dieser jungen Mädchen und reichte die Scheidung ein. Ich war abermals ohne väterliche Zuwendung.

Der Volksempfänger, auch „Goebbelsschnauze" genannt, verkündete weniger Siege, dafür mehr Rückzüge. Mit dem sich anbahnenden Kriegsende veränderte sich meine Einstellung zum Dritten Reich. Ich war ein enttäuschter Junge, hatte ich doch trotz allem bis zuletzt an den sogenannten Endsieg geglaubt. Kurz vor Kriegsende wurde unser Schullager aufgelöst und wir erlebten den Untergang des Dritten Reiches ohne weiteren Unterricht in Dessau. Wir verbrachten nun alle Nächte und teils auch die Tage im Luftschutzbunker.

Schließlich ein großes Aufatmen, als die Amerikaner in Dessau einrückten. Groß aber war die Furcht vor einer Übergabe der Stadt an die Rote Armee! Der Einmarsch von Stalins Truppen erfolgte jedoch schon nach wenigen Wochen. Die Übergabe erfolgte an einen aus Panjewagen bestehenden Truppenteil. Der Anblick jagte uns Angst ein und noch heute habe ich das Geräusch von vielen hundert Pferdehufen im Ohr. Die einfachen Soldaten waren regelrecht ausgemergelt und überwiegend vom Wodka abhängig. Die Offiziere dagegen machten einen gepflegten Eindruck. Wir mussten uns nun einer Besatzungsmacht östlicher Prägung fügen.

Beherrscht waren die Tage vom Hunger und der Sorge um das tägliche Brot. Ich selbst hatte nicht nur immer Hunger; ich war auch hungrig im übertragenen Sinn – lebens-, wissens- und erlebnishungrig.

Uta Noelle
AUFBRUCH

Sommer 1949 – Ende des Schuljahres, vorbei meine Zeit in der DDR-Einheitsschule und bald auch mein dreizehntes Lebensjahr; dieses schreckliche Jahr voller Selbstzweifel und Ängste. Nicht Fisch und nicht Fleisch. Verzweifelt neidisch auf meine jüngere Schwester, die es sich noch leisten konnte, fast nackt mit ihren Freundinnen im Garten umherzuturnen, und sich dabei weidlich über meine nicht zu kaschierenden weiblichen Formen amüsierte. Wie ich mich schämte!
Und was würde nun kommen? Der Übertritt ins Gymnasium, in eine gemischte Klasse – mit Jungen – nein, freuen konnte ich mich darauf nicht. Aber gottlob, noch war es nicht so weit, sechs Wochen Sommerferien lagen vor mir. Nicht nur eine herrlich lange Zeit war das, nein, sie verhieß zudem etwas wahrhaft Wunderbares: Ich durfte mit meinem Bruder in den ‚Westen' – das Paradies, wo meine Großeltern und sämtliche Verwandten lebten, sich auf uns freuen und uns verwöhnen wollten. Aber darüber hinaus, und dies vor allem, ein echtes Abenteuer – zu zweit schwarz über die Grenze.
Peter, mein großer Bruder, war schon sechzehn und in Sachen Grenzübertritt erfahren, hatte er doch im Jahr zuvor in Begleitung eines Jugendpfarrers diesen verbotenen Gang über die Grenze bei Helmstedt geschafft. Und nun im Alleingang mit mir! Mag sein, dass er von dieser Idee meiner Eltern nicht sehr begeistert war, seine Bedingung war jedenfalls, ich sollte meine Zöpfe abschneiden und die ausgewachsenen Kinderkittel gegen zwei umgearbeitete Vorkriegskleider meiner Mutter austauschen. Ich war zu allem bereit.

Helmstedt, nahe bei Braunschweig, aber noch auf der russisch besetzten Seite gelegen, war vor dem Bau der Mauer wohl der meistfrequentierte Grenzübergang vom ‚Osten' in den ‚Westen'. Ich erinnere mich schemenhaft an die dörfliche Landstraße, weite, gelbe, in mittäglicher Hitze flirrende Felder, aufgetürmte Heuhaufen und viel, viel Wald. Dort gab es vom Orden der Grauen Schwestern – mein Vater war leitender Arzt im Hallischen Krankenhaus dieses Ordens – eine kleine Niederlassung mit zwei oder drei Nonnen, die über unsere Ankunft und unser Vorhaben unterrichtet waren. Ihrer kundigen Hilfe waren wir als Erstes anvertraut. Sie kannten die Schleichwege durch das Sperrgebiet im Wald, die Gepflogenheiten der Grenzpolizisten, deren Standorte und die Zeitpunkte der Wachablösung. Wie beruhigte uns der Anblick der Ordenstracht! War uns diese doch von klein auf vertraut als Inbegriff der Hilfsbereitschaft und Zuverlässigkeit. Und die mütterliche Fürsorglichkeit der gebrechlich-kleinen, aber mutigen und resoluten Schwester, die uns an der Bahnstation abholte, gab unserem Vertrauen nur allzu recht. In ihrem Gebetsraum zündete sie für uns eine Kerze an, geleitete uns dann zum Waldrand, wo die verbotene Zone begann, wies uns präzise die Richtung, wie wir am schnellsten – und unentdeckt – die Markierung der Grenze erreichen würden. Dies sei eine weiß gestrichene, stets unbewachte Schranke, wie man sie bei Bahnübergängen kennt, nicht zu übersehen. So einfach schien das also. Und wir zogen los. Der Wald war dicht, aber durchlässig genug, um die Richtung halten zu können. Hatte ich Angst? Unser angespanntes Bemühen um lautloses Auftreten im Unterholz und die Konzentration auf das Ziel ließen, denke ich, Angst nicht aufkommen. Und wirklich, es konnte nicht mehr weit sein. Da – ebenso lautlos wie wir – traten aus dem seitlichen Gehölz zwei blutjunge Kerlchen, kaum älter als mein Bruder, aber uniformiert und mit vorgehaltenem Gewehr. Alles aus. Es hieß, mitkommen zur russischen Kommandantur. Dort nahm uns der Kommandant etwas verwundert, nicht unfreundlich, aber doch streng, ins Verhör. Wie konnten wir leugnen? Vielleicht erbarmte ihn die Niedergeschlagenheit der beiden Kinder da vor ihm. Wir durften gehen, aber ohne Verzug, „sofort nach Hause zurück!". Nun standen wir wieder in der Mittagshitze. Gescheitert? Eingeschüchtert? Ich: oh ja! Der Befehl eines ranghohen Russen! Sich dem zu widersetzen,

ich hätte das nicht gewagt. Peter aber meinte – es kam ganz entschlossen: „Wir versuchen es nochmal, heute Nacht, nach Hause zurück auf keinen Fall!" Das hatte ich nicht erwartet, umso großartiger fand ich es, mutig und aufregend, und hatte ich mir denn nicht ein Abenteuer gewünscht?
In Mitteldeutschland werden die Getreidegarben nach dem Schnitt zu ‚Puppen' aufgetürmt, igluförmig, am Boden kreisrund und nach oben hin spitz zulaufend gebündelt. Ideal also als Versteck und vor allem ein schattiger Unterschlupf während des langen Nachmittags. Angeblich sollte abends zwischen acht und neun Uhr der Wald unbewacht sein. Also nahmen wir den nämlichen Weg wie am Vormittag, allerdings doch mit stärkerem Herzklopfen. Im Dickicht der Bäume war es bereits stockdunkel; die Richtung konnten wir diesmal nur erahnen. Vor allem war es still, so still! Jeder Schritt, noch so vorsichtig, das kleinste Hölzchen, das unter unseren Schuhen brach, versetzte uns in Schrecken. Ich dachte an ‚Hänsel und Gretel'. Und plötzlich, in die Stille hinein, fing ich an zu lachen, laut, hysterisch zu lachen, hoffnungslos zwanghaft, ohne aufhören zu können. Mein Bruder war entsetzt! Vergeblich presste er meine Hand, hielt mir den Mund zu. Ich selber kämpfte verzweifelt gegen diese wahnwitzigen Ausbrüche an, flehte mit den Blicken zu den Sternen um Abhilfe, umsonst. Doch dann die Erlösung! Unten am Hang sahen wir, wie von Zauberhand dort aufgestellt, den beschriebenen Grenzbaum. Wir rannten, ja flogen diese letzten fünfzig bis hundert Meter auf ihn zu – geschafft! Wir waren in Sicherheit und im ‚Westen'.
Der weitere Gang durch die Nacht, diese Augustnacht, gehört zum Wunderbarsten in meiner Erinnerung. Nie sah ich einen solchen Sternenhimmel, so tiefblau und weit; dunkle, schlafende Wiesen mit Schatten ruhender Kuhherden, nie empfand ich einen solchen Frieden.
Wir wanderten bis zum Morgengrauen zur nächsten Bahnstation. Sorgfältig trennten wir das versteckte Westgeld aus den Zwischensohlen unserer Schuhe und erstanden für jeden von uns ein Paar Wiener Würstchen, das war der Einstieg ins Schlaraffenland.
Mit dem Bummelzug ging es zur nächsten Stadt und von dort weiter dem Ziel entgegen, nach Cochem an der Mosel. Ich erkannte sie wieder, die Mosel mit ihren Weinbergen, die vorbeihuschenden kleinen Orte mit den

schiefergedeckten Häusern, und doch sah ich alles anders und neu. Wie würde wohl das Wiedersehen mit den Großeltern nach sechseinhalb Jahren sein? Mein Bild von ihnen war noch recht klar. Die Oma, stattlich und groß, immer ruhig und sehr vornehm, dabei warmherzig und liebevoll; der Opa, Weinhändler und leidenschaftlicher Jäger, quirlig, lustig, mit dem Herzen auf der Zunge, aber am Familientisch sehr streng. So sah ich sie in meiner Erinnerung.

Und so kam uns nun auf der Uferpromenade mein Großvater auch entgegen, neben ihm sein treuer Jagdhund. Plötzlich blieb er wie angewurzelt stehen und rief: „Da kommt ja die Hilde!" Hilde, seine Lieblingstochter, meine Mutter, – das sollte ich sein? Wer hatte je eine Ähnlichkeit zwischen ihr und mir gesehen? Ganz und gar verblüfft war ich; und dann, auf einmal, spürte ich bei diesem Empfang eine stolze Freude in mir aufsteigen, – das ganz neue und glückliche Gefühl, kein Kind mehr zu sein.

Cochem, das alte, berühmte Moselstädtchen mit den verwinkelten Gassen, dem mittelalterlichen Marktplatz und seiner malerischen Burg – wir eroberten es uns in diesen Ferien bis in die letzten Winkel. Beide Eltern waren dort aufgewachsen, beider Familien waren hier seit Generationen ansässig, weitverzweigt und sehr wohl angesehen. Peter und ich wurden zu allen – teils nah, teils entfernt – Verwandten geladen; wir waren Boten aus dem ‚anderen Deutschland', eine kleine Sensation, und natürlich fühlten wir uns entsprechend wichtig. Wir hatten ja etwas zu erzählen, mussten immer wieder unseren Grenzübergang schildern. Bei jedem dieser Besuche allerdings wuchs unser Protest gegen die, wie es uns schien, herablassende Negativ-Sicht von allem, was man sich hier unter ‚drüben im Osten' vorstellte. So kamen wir in den Verdacht, bereits kommunistisch infiziert zu sein. Tatsache war aber das Gegenteil.

Wir genossen den ‚Westen' in vollen Zügen. Langentbehrte, schon vergessene Herrlichkeiten: Orangen, Bananen, Brötchen aus Weizenmehl und echte Butter, Fleischgerichte, Schokolade, Süßigkeiten aller Art und Kaugummi. Es gab Lederschuhe mit dicken Kreppsohlen; an den dicht gefüllten, bunten Schaufenstern konnten wir uns nicht sattsehen. War es aber wirklich nur das?

Wenn ich an zu Hause dachte, wurde mir zum ersten Mal bewusst, unter welch gedrückter Stimmung wir bisher gelebt hatten. Während des Krieges die Abwesenheit meines Vaters, die stets sorgenvollen Augen meiner Mutter, die Nächte im Keller bei Fliegeralarm, die Bombenangriffe; danach die Besatzung, zuerst durch die Amerikaner – eine erholsame, aber kurze Zeit – und dann durch die Russen; Beschlagnahmung unseres Hauses und die wachsende Angst der Eltern vor der Zukunft wegen zunehmender Zwänge durch das DDR-Regime.

Und jetzt hier – die Menschen atmeten frei! Überall Hoffnung, Aufgeschlossenheit und Lebensfreude. So konnte Leben sein? Wie ließ ich mich davon ergreifen – und kannte mich selber nicht wieder.

Die zweite Hälfte der Ferien verbrachten wir dann bei Onkel und Tante im wunderschönen alten Gutshaus inmitten der berühmten Weinberge an der Ruwer. Hier entstand und festigte sich bei mir ein Lebensideal, das ich nie losgeworden bin. War es der Zuschnitt des Hauses, das stilvolle Ambiente, die strengen, aber mit großer Leichtigkeit eingehaltenen Rituale im Tageslauf, die Übereinstimmung von urwüchsiger und gleichzeitig weltgewandter Lebensart? Ich bewunderte meinen Onkel und meine Tante, vor allem als Paar; so stellte ich mir Glück vor.

Dann kam die Dorf-Kirmes. Tanzen konnte ich schon lange – mit Peter vor allem Walzer. Auf einer Bretterbühne im Freien, als Eintrittskarte gab es einen Stempel auf den Arm, und die Musiker spielten die ganze Nacht hindurch. Den Einheimischen fielen wir beide wohl auf, wir bekamen Applaus, und dann wollten alle männlichen Dorfschönen auch mit mir tanzen. Ich fühlte mich wie eine Königin.

Die Ferien waren zu Ende. Der Grenzübertritt heimwärts stand nun an. Er schreckte mich nicht und tatsächlich kann ich mich kaum daran erinnern. Lediglich, dass wir vergeblich auf eine Führerin warteten, mit der wir verabredet waren. Wir übernachteten in einem Gasthof auf westlicher Seite und kletterten auf Anraten des Wirtes gegen Morgen aus dem Fenster. Peter fürchtete, sein letztes Geld würde zur Bezahlung nicht mehr ausreichen.

Und ich? Wie hatte sich alles für mich verändert! Neugierig, voller Freude und Erwartung stieg ich ein in mein vierzehntes Lebensjahr.

Ute Taube

OMI UND DAS GROSSE WELTTHEATER

Damit der Ausgleich zwischen der oberschlesischen Sippe und der Familie meines Vaters gewahrt blieb, musste ich sonntags mit meinen Eltern die Mutter meines Vaters besuchen. Ich nannte sie Omi und fand, dass sie diesen Namen zu Recht trug, denn sie war eine zierliche, energiegeladene Person von 1,49 Meter. Als Fünfjährige war ich bereits größer als sie, ich wusste, dass sie nicht mehr wachsen würde. Deshalb irritierte es mich sehr, dass ihre Ohrläppchen von Jahr zu Jahr länger wurden, vergleichbar mit denen eines thailändischen Buddhas.

Leider besaß Omi nicht auch das ausgeglichene Temperament eines asiatischen Weisen. Sie konnte bei Nichtigkeiten hitzig und aufbrausend reagieren. Außerdem warf sie meiner Mutter insgeheim vor, dass sie ihr, der Kriegerwitwe, den Sohn weggenommen hatte. So lag bei unseren Sonntagsbesuchen immer eine gewisse Spannung in der Luft, die ich als Kind spürte.

Doch ich will gerecht sein. Zu mir war meine Omi immer lieb. Sie beschenkte mich jeden Sonntag mit Schokolade. Dafür hörte ich ihren immer wiederkehrenden Erzählungen über die Flucht aus Schlesien zu. In dunkelsten Farben schilderte sie die bösen, ungepflegten, nach Uhren rufenden russischen Soldaten, die sie auf der Flucht verfolgten.

„Glaubt mir", sagte sie mit erhobenem Zeigefinger, „Der Russe wird kommen und will uns alle umbringen. Aber ich werde wegmachen, ich bin vorbereitet." Dann stand sie auf und langte nach einer großen Lederhandtasche, die neben der Couch stand. Sie zog eine Metalldose heraus und öffnete sie. Nacheinander fischte sie die verschiedensten Dokumente heraus, mit deren Namen ich damals noch nichts anzufangen wusste: Familienbuch, Rentenbescheid, Soldbuch ihres gefallenen Mannes, Ausweis, Krankenkassenkarte und noch einige mehr. Als sie dann die Papiere wieder wegpackte, wusste ich, dass man nun über ein anderes Thema sprechen konnte.

Insgeheim aber wartete ich sonntags immer darauf, dass es klingeln und der Russe vor der Tür stehen würde. Wie würde er aussehen? Etwa wie der Riese auf meinem Rübezahlbuch? Verstünde er Deutsch und brauchte mein Vater ihm nur seine Uhr zu geben, damit er wieder verschwand? Aber der Russe kam nicht, und allmählich vergaß ich ihn, bis eines Tages das große Welttheater auch mein Leben streifte und meine Omi beinahe Recht bekam.

Im Oktober 1962 sah ich, wie meine Eltern mit besorgter Miene auf den Tagesschausprecher starrten.
„Hoffentlich gibt es keinen Dritten Weltkrieg", hörte ich meine Mutter sagen.
„Ich hoffe nicht", antwortete mein Vater, „aber vielleicht sollten wir für alle Fälle ein paar Vorräte einkaufen, als eiserne Ration gewissermaßen."
Ich verstand nichts. Ich hatte gedacht, der fürchterliche Krieg, von dem die Großeltern immer erzählten, wäre wirklich vorbei.
„Müssen wir jetzt auch fliehen?", fragte ich meine Eltern voller Angst.
„Nein", beruhigten sie mich und versuchten, mir die weltpolitische Lage zu erklären. „Der russische und der amerikanische Präsident sind Feinde. Der russische Präsident hat auf der kleinen Insel Kuba vor der amerikanischen Küste Raketen aufgebaut, mit denen er auf Städte in Amerika schießen kann, wenn er will. Und der amerikanische Präsident überlegt, ob er sich dies gefallen lassen soll. Aber wenn er Raketen nach der Insel Kuba abfeuert, werden vielleicht russische Bomben auf Ostberlin fallen."
„Oh, das ist verdammt gefährlich", dachte ich mir, denn ich wusste von Tante Frieda in Berlin, dass im Osten der Stadt und dem Land dahinter

der russische Präsident der eigentliche Chef war. Ich machte mir ernsthaft Sorgen.

Meine Eltern, meine Großeltern, Onkel und Tante aber schafften in den nächsten zehn Tagen sogenannte eiserne Rationen an. Es war schon merkwürdig, was sie dafür hielten: Konservendosen aller Art, Zucker, Mehl, Nudeln, Senf und ganz viel Schokolade. Zwei Wochen lang liefen die Erwachsenen mit ernsten Mienen herum und saßen in jeder freien Minute vor dem Fernseher.

Dort sah ich einen glatzköpfigen alten Mann, der mit einem Schuh auf ein Rednerpult klopfte und laut unverständliche Worte herausschrie. Das sollte der russische Präsident sein. Dieser Gewitterzwerg, dachte ich und konnte gar nicht verstehen, dass er auf der Welt so viel Angst verbreitete. Da gefiel mir der lächelnde, junge amerikanische Präsident mit seiner hübschen Frau doch viel besser.

Nach zwei Wochen atmeten meine Eltern auf. Der sowjetische Präsident hatte nachgegeben und akzeptiert, alle Waffen, Raketen, U-Boote und Kriegsschiffe vor Kuba abzuziehen. Meine Mutter versuchte, mir zu erklären, warum sich die Politiker geeinigt hatten. Offensichtlich wollte keine der beiden Seiten, dass tatsächlich ein Krieg ausbricht. Wahrscheinlich deshalb, weil die beiden Präsidenten im Zweiten Weltkrieg gegen Hitler gekämpft und das Leid des Krieges für die Menschen in Europa mit eigenen Augen gesehen hatten. Ich war sehr erleichtert, dass man mir nicht meine Familie, meine Freunde und meine Heimat nahm und niemand totgeschossen wurde.

Allerdings musste ich in den nächsten Wochen auch tapfer von den angeschafften Konserven essen, was mir nicht besonders gefiel. Ich war noch nie ein Fan von Eintöpfen gewesen und werde es auch nie werden. Die Schokolade dagegen verteilte meine Mutter eher sparsam an mich.

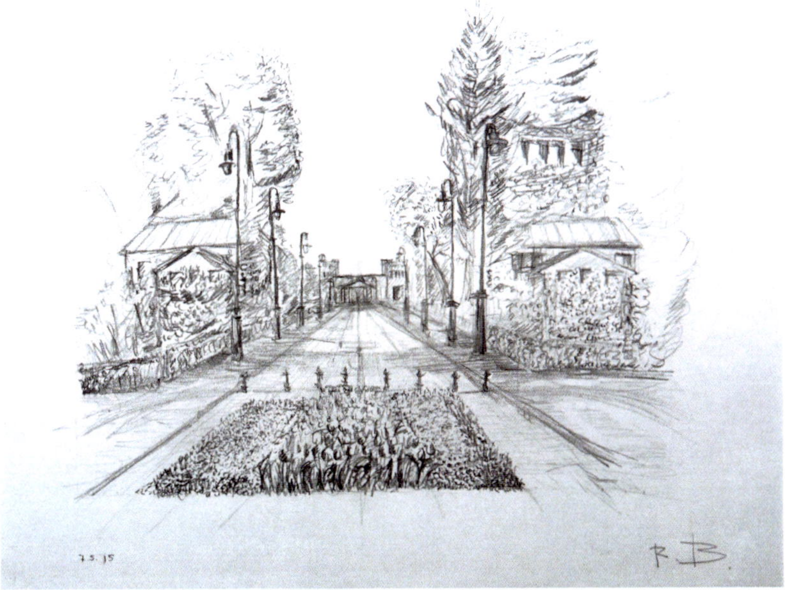

7.5.15
R. B.

ABBILDUNGSVERZEICHNIS

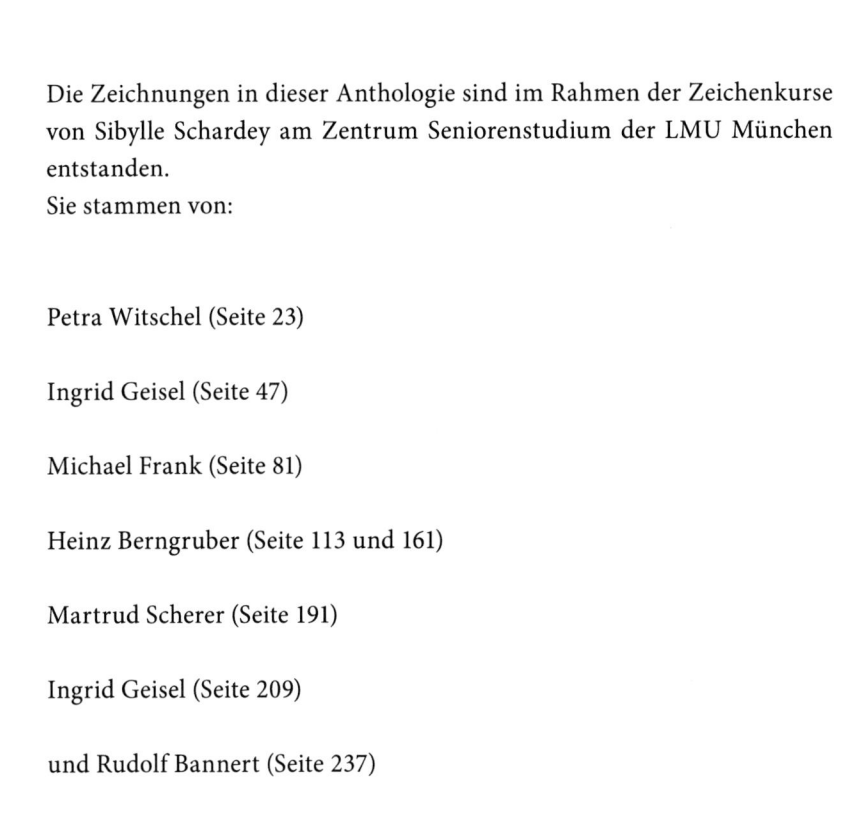

Die Zeichnungen in dieser Anthologie sind im Rahmen der Zeichenkurse von Sibylle Schardey am Zentrum Seniorenstudium der LMU München entstanden.
Sie stammen von:

Petra Witschel (Seite 23)

Ingrid Geisel (Seite 47)

Michael Frank (Seite 81)

Heinz Berngruber (Seite 113 und 161)

Martrud Scherer (Seite 191)

Ingrid Geisel (Seite 209)

und Rudolf Bannert (Seite 237)